DIE THEATRALE

Michael Bahn
Lyrik erleben

Bitte: Erst lesen, dann kaufen!

Ich grüße Sie!

Und ich danke Ihnen dafür, dass Sie sich vor dem Kauf die drei Minuten Zeit nehmen, diesen kurzen Text zu lesen. Das ist nämlich äußerst wichtig!

Warum?

Weil ich Sie nicht enttäuschen möchte!

Sie haben doch bestimmt nach diesem Buch gegriffen, weil Sie Hilfe beim Verstehen von Gedichten brauchen. Ja und dafür ist dieses Buch auch geschrieben worden. Es kann Ihnen helfen, Gedichte zu verstehen. So weit, so gut. Und jetzt das ... aber ... es macht einiges anders, als Sie es aus der Schule kennen.

So, nun ist es raus.

Dies ist kein Schullehrbuch. Es ist ein Buch, das Sie auf eine Reise mitnimmt. Denn Sie lernen hier nicht nur, wie Sie ein Gedicht besser verstehen können. Sie lernen auch etwas über sich selbst! Und dafür brauchen Sie Zeit.

Zeit, Zeit und noch einmal – Zeit!

Die hatten Sie in der Schule häufig nicht. Da mussten Sie ganz schnell eine Analyse und eine Interpretation anfertigen. Aber hier müssen Sie das nicht.

Hier entscheiden Sie, wie schnell oder langsam Sie voranschreiten wollen.

Und am Ende, so hoffe ich, haben Sie einen Weg gefunden, wie Sie sich dem Gedicht ohne Furcht annähern.

Und ja – das hilft auch in Schule und Studium weiter!

Kaufen Sie dieses Buch nur, wenn Sie bereit sind, Zeit in sich selbst und in ein Gedicht zu investieren.

Dr. Michael Bahn, geboren 1981, arbeitet an der Universität Koblenz-Landau, Campus Landau, wo er in der Literaturdidaktik und Literaturwissenschaft lehrt. Seine Arbeitsfelder sind u.a. die Kinder- und Jugendliteratur der DDR sowie künstlerische Transformationsprozesse und deren Einbindung in den Deutschunterricht.

Nach seinem Studium der Literatur-, Sprach- und Religionswissenschaft entwickelte er im Rahmen seiner Dissertation die Theatrale Lyrikuntersuchung (TLU) mit dem Ziel der Umwandlung lyrischer Strukturen in theatrales Spiel.

Daran anknüpfend entstehen in der Zusammenarbeit mit Anke Ulbrich unter dem Dach der von Michael Bahn begründeten Initiative *Die Theatrale* kleine künstlerisch ausgerichtete Lehr-Lern-Projekte. So finden sich dort u.a. Informationen zur Lernplattform *Gedankenskizzen*, zum Filmprojekt *Lebe mit einem Buch* oder zu der Animal Studies aufgreifenden Hörproduktion *Das Leben der Tiere*.

Weitere Informationen und Kontakt zum Autor erhalten Sie unter:

www.die-theatrale.de
facebook.com/DieTheatrale
instagram.com/roy_the_adventurer
youtube.com/user/MichaelBahnMA

LYRIK

Michael Bahn

erleben

Eine Reise an den Rand des Gedichts
und darüber hinaus

Inhalt

Dieses Buch bietet immer wieder Freiräume für Notizen oder kleine Zeichnungen.

Nutzen Sie diese!

Und zwar so,

wie Sie wollen!

Bevor es losgeht, möchte ich noch meinen Dank aussprechen:

Danke, Klarissa und Janin, für eure hilfreichen Anmerkungen.

Danke, Ronny, für Deine Sorgfalt, Inspiration und Liebe!

Grundlagen

Warum ich Gedichte liebe

In Ordnung.

Ich gebe es zu.

Ja, wirklich. Gleich zu Beginn gebe ich es zu: Ich liebe Gedichte.

Und weil ich möchte, dass auch Sie dieses Gefühl mit mir teilen, schreibe ich dieses Buch ... oder vielmehr habe ich es deswegen geschrieben. Denn Sie halten es ja bereits in den Händen.

Aber warum eigentlich?

Warum haben Sie dieses Buch gekauft?

Wollen Sie etwas über Gedichte erfahren? Oder wollen Sie vielleicht für eine Prüfung lernen?

Denn falls dem so sein sollte, muss ich Sie ein wenig enttäuschen: In diesem Buch geht es nämlich vor allem um Sie.

Ja, ganz recht, es geht um Sie! Um Sie und Ihre Art, ein Gedicht zu lesen. ... Natürlich lernen Sie dabei auch etwas über das Gedicht. Aber im tiefsten Grunde Ihres Herzens wissen Sie bereits, dass es Ihnen eigentlich nur darum geht, den Spaß an der Lyrik wieder zu entdecken. Deshalb haben Sie dieses Buch gekauft ... oder geschenkt bekommen.

Ich werde mir also alle Mühe geben, um Sie nicht zu langweilen und damit mir das gelingt, brauche ich Ihre Unterstützung. Sie müssen mir Ihre Phantasie anvertrauen.

Weshalb?

Na damit wir zusammen eine kleines Abenteuer erleben können. Denn nichts weniger liegt vor uns, wenn wir uns dem Gedicht zuwenden.

Und das ist auch der Grund, weshalb ich Gedichte so sehr liebe: Sie laden mich in Welten ein, die mir sonst verschlossen blieben. Sie zeigen mir die Sicht eines anderen Ich und sie können Zeitreisen möglich machen.

Ja, Sie haben richtig gelesen – Zeitreisen!

Natürlich werden Sie nicht leiblich in die Vergangenheit reisen, aber Ihr Gefühl kann das. Es ist eigentlich ganz einfach. Indem Sie sich auf einen dieser kurzen Texte einlassen, knüpfen Sie eine Verbindung zu einem anderen Ich, das oftmals schon eine Weile tot ist. Allerdings ist das nicht immer der Fall. Es gibt ja auch Dichterinnen und Dichter, die unsere Zeitgenossen sind. Aber zumeist lesen wir eben doch Gedichte von Menschen, die vor langer Zeit gelebt haben.

Wie auch immer.

Entscheidend ist eigentlich, dass Sie Ihre Phantasie beim Lesen spielen lassen. Sie füllen die Worte mit Leben. Ihre Erfahrungen bringen sich in das Gedicht ein.

Dadurch erhalten Sie die Möglichkeit, Eindrücke aus der Vergangenheit nachvollziehen zu können. Und zwar ein Gefühl für die oder eine Sicht auf die Welt, in der das Gedicht entstand. Und in dieser Weltsicht verbirgt sich auch etwas, das in der Vergangenheit – damals also – den Schreibprozess in Gang gesetzt hat. Denn jeder Mensch schreibt literarische Texte, um etwas auszudrücken.

Dabei ist es egal, ob es sich um eine Auftragsarbeit oder um das Dichten als freie Kunst handelt – in beiden Fällen soll etwas ausgedrückt werden. Und dieses Etwas schreibt sich immer auch in den Text hinein.

Das heißt nun aber nicht, dass Sie sich auf die Suche danach begeben sollen.

Niemand kann die sogenannte Intention des Autors bis ins letzte Detail nachvollziehen. Wir fragen also nicht danach, was uns der Autor oder die Autorin mit dem Text sagen wollte.

Trotzdem hilft es uns zu wissen, dass ein Text nicht einfach vom Himmel fällt.

Er wird vom Dichter ‚produziert‘.

Das meint, dass seine Struktur zumeist bewusst und reflektiert zusammengesetzt wurde. Nur so kann diesem oben beschriebenen Etwas – dem Initial des

Schreibprozesses – ein Ausdruck verliehen werden, der wiederum in einer bestimmten Art und Weise gewählt und aufgeschrieben wurde.

Wenn uns das bewusst wird, dann können wir auch erkennen, dass es Möglichkeiten geben muss, mit unseren eigenen Erfahrungen an dieses Etwas anzuschließen.

Eine dieser Möglichkeiten möchte ich Ihnen hier vorstellen.

Es soll uns darum gehen, einen ersten Zugang zum Gedicht zu finden. Dazu wird es nötig sein, dass Sie sich und Ihre Phantasie beim Lesen beobachten. ... Und Sie werden sich Notizen machen müssen – zum Text, zu Ihren Gefühlen, zu Bildern und Klängen.

Wir wagen also gemeinsam das Abenteuer der Interpretation!

Aber nicht so, wie Sie es in der Schule gelernt haben.

Wir gehen ein wenig anders vor.

Obwohl auch wir das Gedicht analysieren werden.

Nur nehmen wir dabei nicht jedes Detail auf, sondern ausschließlich solche, die Ihnen beim Lesen persönlich bedeutsam erscheinen, die Ihre Phantasie wecken. Deshalb werden wir am Ende auch eine andere Art von Interpretation erarbeitet haben, als sie in der Schule oder an der Universität entsteht. Denn wir werden uns auf einen vorhergehenden Schritt konzentrieren – wir entwickeln eine *subjektive Textwahrheit*, wie ich es nenne.

Die subjektive Textwahrheit (sTW) ist zunächst einmal das Ergebnis einer intensiven Beschäftigung mit dem Text. Sie entsteht Stück für Stück, während wir das Gedicht lesen und darüber nachdenken.

Der Einstieg in die Entwicklung der sTW ist also zum einen das Lesen und zum anderen das Notieren von Fragen, von Besonderheiten oder unverständlichen Stellen sowie von ersten Ideen, worum es in dem Gedicht gehen könnte. Denn

Wenn Sie Lust haben, sich an der altbekannten schulischen Methode zu orientieren und einen verstärkt analytischen Zugang suchen, empfehle ich Ihnen das „Arbeitsbuch Lyrik" von Kristin Felsner u.a. oder den unter Wissenschaftlern viel zitierten Dieter Burdorf mit seiner „Einführung in die Gedichtanalyse".

diese ersten Notizen werden uns helfen, einen Zugang zum Text zu finden – und sei es über unser Nichtverstehen desselbigen.

Ich hatte doch erwähnt, dass Sie Stift und Papier benötigen würden, nicht wahr?

Aber zurück zur subjektiven Textwahrheit.

Sie besteht aus Beobachtungen der Textoberfläche (der Struktur also) und aus Beobachtungen des Inhalts. Beide sind wichtige Auslöser für die Bilder, die in uns entstehen, wenn wir das Gedicht lesen und wenn wir versuchen, uns das Beschriebene vorzustellen.

Mit anderen Worten fällt auch die sTW genau wie die Form des Gedichts nicht einfach so vom Himmel. Vielmehr beruht sie auf der Gedichtform – und zwar auf der inhaltlichen wie auf der strukturellen. Beide fallen folglich in dem Begriffsteil *Text* von subjektiver *Text*wahrheit zusammen.

Doch es gibt noch mehr, das Einfluss darauf nimmt, wie wir ein Gedicht verstehen und was wir in einem Text lesen oder sehen.

Zum Beispiel spielen unsere ganz persönlichen Erfahrungen ebenso eine Rolle wie unser Vorwissen.

Das, was Sie erlebt haben, unterscheidet sich stark von dem, was ich erlebt habe.

Das, was Sie gerade beschäftigt, unterscheidet sich von dem, was mich gerade beschäftigt.

Das, was Sie über die Analyse und Interpretation von Gedichten wissen, unterscheidet sich von dem, was ich darüber weiß.

Das, was Sie ... na Sie können sich sicher denken, wie es weitergeht.

Was ich damit klar machen möchte, ist, dass wir einen Text immer aus unserem Wissen und aus unseren Erfahrungen heraus untersuchen und verstehen. Deshalb kann jede Annäherung und jedes Verstehen eines Gedichts nur subjektiver Natur sein. Daher auch der Begriffsteil *subjektiv* in *subjektive* Textwahrheit.

Wie bitte?

Sie wollen wissen, ob ich das ernst meine?

Ja, natürlich meine ich das ernst.

Jede Interpretation, jedes Textverstehen ist subjektiv.

Warum dann immer nur die Meinung ihres Deutschlehrers zählte?

Keine Ahnung.

Fragen Sie ihn!

Ich will Ihnen lieber zeigen, dass Sie Ihren subjektiven Blick auf den Text auch beweisen können ... oder vielmehr – nachweisen können. Denn das macht das Ergebnis einer guten Textuntersuchung aus, dass es *intersubjektiv* (zwischen Subjekten) nachweisbar ist.

Klingt kompliziert?

Ist es aber gar nicht.

Das bedeutet nämlich nur, dass Sie anderen Menschen nachvollziehbar erklären können, wie Sie zu dieser oder jener Beobachtung kamen und warum Sie diesen oder jenen Schluss gezogen haben.

Und das können Sie, wenn ...

... Sie Ihre eigenen Fragen an den Text beantworten können,

... Ihnen selbst klar ist, worum es im Gedicht geht,

... Sie Ihre subjektive Sicht auf den Text mit dessen Hilfe belegen können.

Denn dann wird Ihr Verständnis zu einer Art von *Wahrheit*.

Und zwar zu einer subjektiven Wahrheit.

Trotz dieser Einschränkung ist aber das, was Sie da erarbeitet haben, für Sie selbst erst einmal richtig und wahr – denn Sie haben sich das ja nicht einfach so ausgedacht, sondern Sie haben es *durch*dacht.

Aus dieser inneren Überzeugung heraus und aus der Fähigkeit, diese Überzeugung mit der Textoberfläche zu belegen, entsteht dieser letzte Begriffsteil, der damit die subjektive Text*wahrheit* komplett macht.

Eigentlich gar nicht so schwer, oder?

Und wissen Sie, was daran so toll ist?

Na?

Ganz einfach – Ihre Sicht auf das Gedicht wird nicht nur ernst genommen. Nein, Ihre Sicht bildet überhaupt erst die Grundlage, auf der sich die subjektive Textwahrheit entwickeln kann. Und mit Hilfe verschiedener Verfahren werden wir gemeinsam diese Sicht schärfen, konkretisieren und intersubjektiv nachvollziehbar machen.

Das heißt nun aber nicht, dass die anderen um Sie herum Ihre Beobachtungen auch teilen müssen.

Ganz im Gegenteil gibt es durch die Subjektivität der Lese- und Denkprozesse sehr viele Möglichkeiten, wie ein Gedicht verstanden werden kann. Schließlich entwickelt jeder Mensch seine eigene subjektive Textwahrheit.

Nun fragen Sie sich vielleicht zwei Dinge:

1. Wenn jeder Mensch ein Gedicht subjektiv und aus seinem Wissen und den Erfahrungen heraus liest – kann man dann nicht alles in ein Gedicht ‚hineinlesen'?
2. Wie ist es überhaupt möglich, dass so viele subjektive Textwahrheiten in einem Text stecken können – wo kommen die her?

Das sind zwei sehr wichtige Fragen, die Sie da stellen.

Lassen Sie mich zunächst Frage Nummer eins beantworten, denn das geht etwas schneller.

Die Antwort auf diese Frage lautet – nein.

Nein, es nicht möglich, alles in ein Gedicht hineinzulesen und das hat drei Gründe.

Erstens: Jedes Gedicht besteht aus einem bestimmten Wortmaterial und einem damit verbundenen Inhalt. Hinzu kommt, dass diese Wörter bewusst so gesetzt, oder zumindest vom Autor freigegeben wurden, und dass sie damit eine bestimmte Struktur bilden. Durch die Struktur werden die Deutungsmöglichkeiten also schon einmal begrenzt.

Zweitens: Auch wenn Sie mit Ihren subjektiven Erfahrungen und Ihrem Wissen an den Text anknüpfen, müssen Sie doch trotzdem eine Auswahl treffen, denn nicht alle Erfahrungen und nicht jedes Wissen passt zu dem Beschriebenen. Auch hier besteht somit eine Einschränkung der Deutungsmöglichkeiten.

Drittens: Da Ihre subjektive Textwahrheit für andere Menschen nachvollziehbar sein soll, müssen Sie diese noch enger an den Text binden. Sie müssen sie mit der Struktur des Gedichts belegen können, was eine erneute Einschränkung ... oder vielmehr eine erhöhte Konzentration auf die Verbindung von Text und Textverständnis erfordert.

Sie sehen hoffentlich, dass durch diese drei Gründe nicht alles in einem Text ‚gesehen' werden kann.

Es gibt Grenzen, die uns der Text selbst setzt.

Aber kommen wir zu Ihrer zweiten Frage, wie es – bei all diesen Grenzen – dann überhaupt möglich ist, dass sich so viele, verschiedene subjektive Textwahrheiten im Gedicht finden lassen und wo diese eigentlich herkommen.

Diese Frage(n) zu beantworten, wird etwas schwieriger.

Ich muss Sie dazu bitten, sich mit mir auf ein kleines Gedankenexperiment einzulassen, das etwas mehr Zeit benötigt.

Falls Sie darauf keine Lust haben, springen Sie vor zu Seite 21.

Ich habe ja bisher behauptet, dass ein Gedicht verschiedene und vor allem vielfältige subjektive Textwahrheiten entstehen lässt

Ich habe aber auch verdeutlicht, dass es Grenzen in der Textauslegung gibt, die das Gedicht selbst setzt.

Diesen Ausführungen gemeinsam ist, dass sie alle den Begriff *Textwahrheit* mit dem Begriffsteil *subjektiv* verbunden haben – woraus sich die Frage ergibt, ob es auch *nicht-subjektive* Textwahrheiten geben kann.

Und hier beginnt unser kleines Gedankenexperiment.

Wir haben festgehalten, dass subjektive Textwahrheiten im Leseprozess entstehen und dass ‚subjektiv' meint, die eigenen Erfahrungen und das eigene Wissen in den Leseprozess mit einzubringen. Geschieht dies nicht, kann eine Textwahrheit nicht subjektiv sein.

Unsere subjektive Textwahrheit hängt also vom Lesen ab, das wiederum eng mit unserem Wissen und den Erfahrungen verknüpft ist.

Oder anders gesagt: Kein Leseprozess, keine subjektive Textwahrheit.

Soweit, so gut.

Unsere nächste Überlegung muss nun lauten: Wenn der Text nicht gelesen wird, gibt es dann trotzdem eine Text*wahrheit* oder bleibt dann nur der *Text* übrig?

Dazu müssen wir uns noch einmal daran erinnern, was wir über die subjektive Textwahrheit gesagt haben – nämlich, dass sie unsere Sicht auf den Text ist, unsere Vorstellung davon, worum es in dem Text geht.

Und diese Vorstellung, so haben wir gesagt, ist immer auch mit dem Etwas verbunden, das der Autor ausdrücken wollte.

Dieses Etwas bleibt im Text enthalten, egal ob das Gedicht gelesen wird oder nicht.

Es ruht im Text.

Und da sich aus diesem Etwas alle subjektiven Textwahrheiten entnehmen lassen, wollen wir es die Ur-Textwahrheit (U-TW) nennen.

Sie ist sozusagen die Mutter aller subjektiven *Textwahrheiten* des jeweiligen Textes.

Die Ur-Textwahrheit beschreibt im Grunde also die Menge aller möglichen subjektiven Textwahrheiten, die ein Gedicht hervorrufen kann, weil in ihr bereits alle (subjektiven) Textwahrheiten enthalten sind.

Den ‚subjektiven‘ Anteil bringen wir selbst ein, den Anteil ‚Textwahrheit‘ bringt der Text größtenteils mit.

Da die Ur-Textwahrheit sehr eng mit dem Text verbunden ist, hängt ihre ‚Größe‘ oder ‚Breite‘ davon ab, wie komplex die Oberfläche eines Textes ist und wie sehr dessen Inhalt von der Realität abweicht.

Ein Beispiel:

Ein Telefonbuch besitzt eine sehr einfache und klare Textstruktur, sein Inhalt ist im besten Fall nah an der Realität (die Namen und Nummern stimmen also überein und sind nicht ausgedacht).

Folglich ist die U-TW des Telefonbuchs sehr klein und sie wird bei aufmerksamem Lesen wohl auch nur eine sTW generieren können. Das heißt, sowohl Sie als auch ich werden dieses Buch völlig gleich lesen und dieselben Namen denselben Nummern zuordnen.

Anders sieht es nun bei einem Gedicht aus. Hier haben wir oftmals eine sehr komplexe, eine verdichtete Textoberfläche vor uns und der dargestellte Inhalt ist nicht eins zu eins mit der Realität identisch. Deswegen ist die U-TW eines Gedichts wesentlich größer und es können unterschiedliche sTW am Ende unserer Leseprozesse stehen – denn wir müssen beim Lesen viel stärker abwägen, welche Bedeutung wir den Wörtern zuordnen und wie wir diese im Kontext der anderen Wörter verstehen.

...

Zu kompliziert?

Hm.

...

Lassen Sie mich die U-TW und die sTW etwas bildlicher beschreiben:

Stellen Sie sich einmal vor, die U-TW wäre zu Beginn des Schreibprozesses ein kleiner Wasserquell, der irgendwo in einem Tal leise sprudelt. Um den Quell herum entsteht eine kleine Pfütze und diese Pfütze enthält alle möglichen sTW. Da die Pfütze sehr klein ist, ist auch die Vielzahl an subjektiven Textwahrheiten eher gering. Sehr wahrscheinlich gibt es sogar nur die sTW des Autors, denn ansonsten bekommt niemand die Idee zum Text zu sehen.

Der Autor hat vielleicht eine klare Vorstellung davon, was er ausdrücken möchte – er muss es jedoch erst noch ausdrücken.

Und das macht er auch. Der Schreibprozess schreitet fort.

Dabei geschieht folgendes: Die Textstruktur wird komplexer. Zum einen, weil immer mehr Wörter hinzukommen oder aber, weil der Autor ‚überflüssige' Wörter heraus streicht oder er sich neue Wörter ausdenkt, die keiner kennt, die aber gut ausdrücken, was er sagen will.

Zum anderen aber auch, weil der Autor Inhalte zusammenführt, die wir mit unserem Weltwissen so nicht vereinbaren können.

Der Inhalt ist fiktiv, das heißt, er ist nicht mit der Realität gleichzusetzen.

Und als Folge dieser Entwicklung sprudelt unsere Quelle nun stärker, denn es gibt mehr Stellen im Text, an denen wir während des Lesens eine Entscheidung treffen müssen, um ihn verstehen zu können

Die vormals kleine Quelle füllt jetzt das Tal um sich herum zunehmend mit Wasser aus.

Es entsteht ein kleiner Teich, dann ein kleiner See und dieser wächst schließlich zu einem großen Gebirgssee an.

Bis das Gedicht fertiggeschrieben und an die Leser übergeben wurde, ist die Menge an möglichen sTW demnach enorm gewachsen – so wie eben aus der Quelle ein großer See wurde.

Doch mit dem Ende des Schreibprozesses endet auch das Wachstum der Ur-Textwahrheit.

Sie ruht nun als See zwischen den Blätterbergen des Buches.

Und an dieser Stelle kommen Sie und ich ins Spiel.

Denn wenn wir das Buch zur Hand nehmen und das Gedicht lesen, dann ist das, als würden Sie oder ich die Berge hinab ins Tal zu diesem großen See wandern.

Dabei komme ich möglicherweise am südlichen Ende an.

Sie gelangen zum östlichen Teil.

Das hängt eben davon ab, was Sie oder mich gerade beschäftigt, was Sie oder ich schon über den Text wissen und worauf wir jeweils unsere Aufmerksamkeit beim Lesen lenken.

Je besser wir den Text verstehen, umso näher kommen wir dem Ufer, bis wir uns schließlich hinab beugen und unsere Hand in den See tauchen.

Ziehen wir sie nun heraus und lassen wir das Wasser abperlen, bis nur noch ein Wassertropfen an der Spitze unseres Zeigefingers hängt, dann ist dieser Tropfen unsere jeweilige subjektive Textwahrheit.

Beide haben wir ihn dem Wasser, der Ur-Textwahrheit, das im Tal der Blätterberge ruht, entnommen.

Sowohl Ihr Tropfen als auch meiner ist also mit dem Text verbunden. Trotzdem sind beide Tropfen ganz unterschiedlich und vor allem ist Ihr Tropfen der Ihrige und mein Tropfen ist der meine.

Und jetzt passen Sie auf:

Legen wir nun das Buch für einige Jahre beiseite und kehren erst später wieder an den See zurück, so kann es passieren, dass wir plötzlich an einer ganz anderen Stelle ankommen.

Obwohl wir vielleicht am selben Punkt losgehen, nehmen wir dieses Mal eine andere Biegung.

Das liegt an unseren gewachsenen Lebenserfahrungen oder an unserem erweiterten Wissen über Gedichte.

Beides beeinflusst unseren Weg.

Folglich werden wir nie exakt zu dem Platz zurückfinden, an dem wir unsere letzte sTW entnommen haben.

Selbst wenn wir doch wieder relativ nah an diese selbe Stelle herankommen – es wird eine geringfügig andere sein.

Dementsprechend ist auch unsere sTW nicht völlig identisch mit der vorherigen.

Denn wir werden am Ende niemals denselben Tropfen am Finger hängen haben – unser Verständnis des Gedichts hat sich über die Jahre ebenso verändert, wie auch wir uns verändert haben.

Und nun stellen Sie sich noch vor, dass wir beide an diesem See aufeinandertreffen.

Ich zeige Ihnen den Tropfen an meinem Finger und Sie zeigen mir den Tropfen an Ihrem Finger.

Wir vergleichen beide Tropfen miteinander.

Wir stellen Ähnlichkeiten und Unterschiede fest.

Wir können beide eine genaue Beschreibung der Umgebung und des Sees liefern – aber da wir sie aus unterschiedlichen Perspektiven gesehen haben, kommt uns die jeweils andere Beschreibung bekannt und fremd zugleich vor.

Trotzdem beweisen die Tropfen an unseren Fingern, dass wir beide da waren.

Vielleicht lohnt es sich ja, unsere Erfahrungen zu verbinden, um einen Panoramablick auf das Tal und den See zu bekommen?

Damit endet unser kleines Gedankenexperiment.

......

.....

....

...

..

.

Und?

Haben Sie verstanden, woher die sTW stammt und was die U-TW ausmacht?

Falls nicht, blättern Sie noch einmal zurück.

Nehmen Sie sich Zeit, um die Erklärungen in Ruhe zu lesen und darüber nachzudenken.

Und wenn Sie ein Gefühl dafür haben, was wir zusammen hier machen wollen, dann lesen Sie weiter.

Im folgenden Kapitel möchte ich Ihnen noch etwas mehr über die Verbindung von sTW und Interpretation erzählen.

Vom Verstehen zur Interpretation

Es ist gar nicht so einfach, das subjektive Verstehen eines Gedichts, in Form der subjektiven Textwahrheit, von der Interpretation eines Gedichts zu trennen. Das liegt daran, dass beide Formen des Verstehens aufeinander aufbauen und miteinander verwoben sind.

Wenn wir eine subjektive Textwahrheit entwickeln, dann geschieht dies, indem wir den Text interpretieren und unsere Art, ihn zu lesen, reflektieren. Vor allem der letztgenannte Teil ist für die sTW sehr wichtig – wir versuchen zu verstehen, warum der Text in dieser oder jener Weise auf uns wirkt.

Dazu reflektieren wir unseren Leseprozess – oder anders ausgedrückt: Wir beobachten und hinterfragen unsere Art des Lesens und Verstehens, um uns selbst und den Text besser kennenzulernen.

Bücher ermöglichen es also, etwas über uns selbst zu lernen.

Ganz einfach geschieht dies zunächst einmal über den Inhalt – klar.

Wir lesen einen Text und finden beispielsweise Ansichten darin, die wir vollkommen teilen. ... Oder solche, die wir ablehnen. ... Oder solche, die wir unbewusst auch hegen, die uns aber erst jetzt durch das Lesen deutlich werden.

Sie merken schon, ein Buch kann uns allein durch seinen Inhalt und unser Verhältnis dazu sehr viel über uns selbst verraten.

Aber es gibt noch eine weitere, tiefergehende Ebene des Selbstverständnisses, die ein Text erst dann eröffnet, wenn wir unsere Art des Lesens und Verstehens beobachten.

Sie werden das später noch erleben.

Schade ist, dass diese Annäherung über den subjektiven Zugang in der Schule erst seit ein paar Jahren verstärkt beachtet wird.

Viele Menschen haben deshalb ein eher gestörtes Verhältnis zur Lyrikuntersuchung.

Denn seien Sie ehrlich:

Wie oft haben Sie sich in der Schulzeit gefragt, weshalb Sie ein Gedicht interpretieren müssen?

Wie oft hatten Sie das Gefühl, der Text würde dabei ‚zerredet' werden?

Und hatte das Lesen für Sie noch einen Zauber, wenn es hieß, eine Analyse vorzunehmen oder eine Interpretation schreiben zu müssen?

Falls nicht, kann ich Ihnen versichern – Sie sind mit dieser Erfahrung nicht allein.

Häufig kommen Menschen aus der Schule und sind vom Deutschunterricht enttäuscht.

Das liegt aber nicht, wie viele jetzt vielleicht behaupten werden, an den Lehrerinnen und Lehrern. Natürlich gibt es immer gute und weniger kompetente Lehrkräfte. Aber egal wie gut ein Lehrer ist – er muss sich letztlich an den Rahmenplan halten und der sieht vor, dass Schülerinnen und Schüler Text analysieren und interpretieren.

Ich spreche in diesem Zusammenhang übrigens lieber von der Untersuchung eines Textes, also in unserem Fall von Gedicht- oder Lyrikuntersuchung.

Das hat den Vorteil, dass in dem Begriff *Untersuchung* die Begriffe *Analyse* und *Interpretation* zusammenfallen.

Es ist übrigens ein Märchen, wenn jemand behauptet, man könne ein Gedicht interpretieren, ohne es zu analysieren. In dem Moment, in dem Sie beginnen, den Text zu lesen, machen Sie nämlich bereits beides – Sie analysieren die Schriftzeichen, setzen sie zu Wörtern und Sätzen zusammen, und Sie interpretieren die diese Wörter und Sätze dann, um überhaupt erst einmal eine Idee vom Inhalt des Textes zu bekommen.

Nein, Analyse und Interpretation gehören zusammen.

Und die Analyse kann sogar Spaß machen.

Wirklich.

Sie werden es erleben.

Und damit sie Spaß macht, beziehen wir sie auf Ihre Art des Lesens.

Wir analysieren den Text und wir analysieren dessen Wirkung auf Sie.

Aber dazu später.

Zuvor wollen wir ja noch immer verstehen, was die Interpretation von der sTW unterscheidet. Und da komme ich nun zurück auf die Schule.

Denn die Interpretation als das Ergebnis einer Handlung – nämlich als Ergebnis des Interpretierens – ist heutzutage vor allem in der Schule und der Universität beheimatet.

Die Entwicklung einer *Interpretation* wird oft beschrieben als die Suche nach einem tiefergehenden Sinn, nach der Bedeutung, die ‚hinter den Wörtern' liegt.

Die Interpretation ist also die Suche nach einer weitergehenden als der eigentlichen Wortbedeutung.

Und wir finden diese Bedeutung, indem wir den vor uns liegenden Text einer gründlichen *Analyse* unterziehen.

Das klingt alles erst einmal ziemlich einfach.

Warum fällt es uns dann in der Umsetzung oftmals so schwer?

Warum haben wir irgendwann das Gefühl bekommen, dass wir nicht in der Lage wären, die ‚richtige' Bedeutung zu finden, dass unsere Interpretation immer an der eigentlichen Textbedeutung vorbei ginge?

Ich glaube, dass hier ein Knackpunkt liegt, der die Unbeliebtheit der Interpretation als Aufsatzform erklärt.

Denn seien Sie ehrlich:

Wie oft hatten Sie das Gefühl, dass es immer nur um die Bedeutung geht, die Ihre Lehrerin vertritt?

Irgendwie konnte man von seiner eigenen Interpretation noch so überzeugt sein, sie wurde schnell als nicht tiefgehend genug oder in ganz harten Fällen sogar als falsch abgetan. Jeder Mensch, der diesen Umgang mit seiner Textauseinandersetzung mehr als einmal erlebt hat, verliert verständlicherweise die Lust daran, immer wieder nach einer Bedeutung zu suchen.

Das Problem scheint hier zu sein, dass die schulische Interpretation als Aufsatzform und die allgemeine Vorstellung davon, was Interpretation eigentlich bedeuten solle, nicht völlig deckungsgleich sind.

Ich glaube, dass es vielen Menschen zunächst um das geht, was ich subjektive Textwahrheit genannt habe – nämlich um ein persönlich bedeutsames Verständnis des Textes als Anknüpfung an die eigene Lebenssituation.

Die Interpretation in der Schule hingegen bezieht sich zumeist auf literaturwissenschaftliche Fragestellungen und lässt in der Kürze der Zeit kaum Luft für einen subjektiven Zugang.

Dabei lehnt sie diesen gar nicht ab.

Im Gegenteil setzt sie ihn sogar voraus.

Aber machen wir uns nichts vor – wer findet in nur wenigen Stunden einen wirklich reflektierten und durchdachten Zugang zum Text?

Stattdessen legen junge Menschen häufig den Schwerpunkt ihrer Textbetrachtung auf den Teil, der nach Zuordnungen fragt.

Das ist im Grunde ja auch einfacher.

Man hat bestimmte Merkmale auswendiggelernt und sucht diese nun im Text.

Hat man sie gefunden, kann man recht schnell sagen, weshalb ein Gedicht zu dieser oder jener Epoche gehört, oder weshalb es sich diesem oder jenem Motivkomplex zuordnen lässt.

Aber ist das für die Beschäftigung mit Literatur ausreichend?

Müssen wir nicht, gerade auch auf das Gedicht bezogen, viel stärker danach fragen, was es uns persönlich sagt und wie wir mit diesen neu gewonnenen Erkenntnissen umgehen wollen?

Auch wenn ich selbst diese Frage bejahe, möchte ich hier nicht die eine Art des Interpretierens gegen die andere ausspielen.

Ganz im Gegenteil möchte ich die zweite Form sogar stärken, indem ich die erste gemeinsam mit Ihnen in diesem Buch kultiviere.

Dazu werden wir folgendes tun:

Wir machen eine Unterscheidung zwischen der *Interpretation ersten Grades*, der subjektiven Textwahrheit, und der *Interpretation zweiten Grades*, der literaturwissenschaftlich orientierten Interpretation.

In diesem Buch wird es um die Interpretation ersten Grades gehen.

Denn die sTW als einer Form dieser Interpretation sollte meiner Meinung nach immer Grundlage der Interpretation zweiten Grades sein. Nur wenn Sie einen Text und dessen Wirkung auf Sie persönlich verstanden haben, können Sie auch weiterführende Fragen dazu beantworten.

Bevor ich Sie nun aber auf den folgenden Seiten an meine Vorstellung von Lyrikuntersuchung heranführe, muss ich Ihnen auch fairer Weise mitteilen, welchen Theorien von Literatur und Literaturverstehen ich zuneige.

Es sind die Hermeneutik und die Rezeptionstheorie.

Die Hermeneutik ist ein weit verbreiteter Ansatz, der vor allem nach der Bedeutung hinter der Bedeutung fragt. Hier geht es darum, dass ein Text mehr sagt, als inhaltlich ‚in ihm steht'. Die Hermeneutik erhebt also den Text zur entscheidenden Instanz der Interpretation, denn der Leser soll diesen im Grunde ‚enträtseln' – also sehen, was hinter den Wörtern steht.

Die Rezeptionstheorie hingegen schaut vor allem auf den Leser (oder auch Rezipienten), weil dieser die Bedeutungssuche nicht nur beginnt, sondern in ihren Augen auch bestimmt. Demnach bietet der Text zwar Strukturen, an die im Leseprozess angeknüpft wird, doch die Art der Anknüpfung ist von der Subjektivität des jeweiligen Lesers geprägt. Und damit bestimmt dieser, worauf die Interpretation ihren Schwerpunkt legt.

Anders ausgedrückt geht die Hermeneutik also von der Annahme aus, der Text sei für den Inhalt der Interpretation verantwortlich, während die Rezeptionstheorie den Leser als Verantwortlichen ausmacht.

Wir fügen nun beide Annahmen zusammen.

Für uns ist der Text, genauer das Gedicht etwas, mit dem wir in einen gedanklichen Dialog treten.

> Wer sich zur Interpretationstheorie näher belesen möchte, kann u.a. zu dem Buch „Literatur- und Kulturwissenschaften" von Sabina Becker greifen.
>
> Originalbeiträge zur Interpretation sammelt der Reader „Moderne Interpretationstheorien" von Tom Kindt und Tilmann Köppe.
>
> Eine sehr gute Übersicht, nicht nur über die Theorie, sondern auch über die praktische Anwendung, geben schließlich Vera und Ansgar Nünning in „Methoden der literatur- und kulturwissenschaftlichen Textanalyse".

Wir ‚unterhalten' uns mit dem Gedicht.

Und die Art, wie wir dies tun, wird auf der einen Seite bestimmt von unseren Erlebnissen, Erfahrungen und von unserem Wissen.

Auf der anderen Seite wird sie aber auch von dem Text selbst bestimmt – von seiner Oberflächenstruktur und von seinem Inhalt.

In der Auseinandersetzung mit dem Gedicht wollen wir nicht nur mit unserer Lebenswelt an die Textstruktur anknüpfen, sondern uns auch fragen, welche Strukturen und welche Erfahrungen dabei für die sTW eine Rolle spielen.

Wir wollen also unsere Erkenntnisse in eine belastbare Form gießen, indem wir Verstehen und Textstruktur dort zusammenführen, wo es nötig wird, um am Ende in eine Diskussion mit anderen sTW treten zu können.

Das Verstehen des Textes ist dabei der wichtigste Schritt auf dem Weg zur Interpretation zweiten Grades und mit dieser eng verstrickt. Denn erst wenn wir wissen, wie ein Text funktioniert, was er wie und warum in uns auslöst, können wir dieses Wissen in einen Zusammenhang mit außertextlichen Lebensbereichen stellen und so zur Interpretation gelangen.

Puh – das war jetzt eine Menge an Informationen.

Atmen Sie kurz durch, bevor wir uns dem Gedicht zuwenden!

Vom literarischen Text zum Gedicht

Stellen Sie sich einmal vor, dass Sie eine Bibliothek betreten.

Sie gehen zwischen den Regalen entlang und landen schließlich in der Abteilung „Lyrik".

Dort ziehen Sie zwei Bücher heraus.

Eines über Gedichte.

Eines mit Gedichten.

Das erste Buch, das ‚über' Gedichte, ist ein Fach- oder Sachbuch – es beinhaltet nicht-literarische Texte.

Das zweite Buch, das ‚mit' Gedichten, ist eine Sammlung verschiedener Gedichte. Es beinhaltet literarische Texte.

Diese Unterscheidung ist ein erster Schritt auf dem Weg zu einer Annäherung an die Frage, was ein Gedicht sein könnte. Und unsere erste Antwort lautet folglich: Ein Gedicht ist ein literarischer Text.

Diese Antwort führt uns nun wiederum zu der Frage, was einen literarischen Text im Allgemeinen auszeichnet.

Für viele Menschen zeichnet sich ein *Text* zunächst einmal dadurch aus, dass er aus Schriftzeichen besteht, die auf einem Blatt Papier – oder heute oftmals auch auf einem Bildschirm – festgehalten sind. Diese Form eines Textes nennen wir *fixiert*, was erst einmal so viel heißt wie ‚fest' oder ‚festgehalten'.

> Wir orientieren uns für die Eingrenzung des Begriffs *literarischer Text* an der Definition von Jost Schneider, der schreibt: „Ein literarischer Text ist eine Sequenz von Laut- und Schriftzeichen, die fixiert und/oder sprachkünstlerisch gestaltet und/oder ihrem Inhalt nach fiktional ist." (Schneider, S. 9).

Die Möglichkeiten des ‚Festhaltens' von Texten gehen aber über die schriftliche Fixierung hinaus. So sind zum Beispiel alte Familienerzählungen ebenso fixiert, wenn sie von Generation zu Generation mündlich weitergegeben werden.

Die Fixierung eines Textes kann also mündlich oder schriftlich erfolgen.

Entscheidend ist letztlich, dass der Text möglichst weitgehend unverändert *wiederholt* werden kann.

Für die literarischen Texte, die uns interessieren, soll gelten, dass sie schriftlich fixiert sind – dass wir also jederzeit darauf zurückgreifen können, ohne dass sich ihre Form verändert hat.

Nun könnten Sie mir natürlich vorhalten, dass ja auch nicht-literarische Texte, wie die in einem Fachbuch, schriftlich fixiert seien.

Und damit hätten Sie vollkommen recht.

Deshalb müssen wir unsere Beschreibung eines literarischen Textes noch vertiefen.

Als weitere Besonderheit lassen wir das Merkmal der *sprachkünstlerischen Gestaltung* hinzutreten.

Das meint zum einen, dass ein literarischer Text anders klingt als unsere Umgangssprache oder als ein wissenschaftlicher Text. Zum anderen meint es, dass ein literarischer Text *bewusst und reflektiert* geformt oder eben *gestaltet* wurde.

Die Gestalt des literarischen Textes wurde also vom Autor mit Absicht so und nicht anders gewählt. Es soll etwas vermittelt werden und dafür hat er diejenigen Worte ausgesucht, die seiner Meinung nach am ehesten in der Lage sind, die Idee oder die Vorstellungen in seinem Kopf auszudrücken.

Der Autor wählt seine Worte und Wörter demnach bewusst und reflektiert aus.

Was nun wiederum das Sprachkünstlerische an dieser Gestaltung ausmacht, wollen wir hier gar nicht so sehr vertiefen, denn da scheiden sich die Geister. Für manche Wissenschaftler gilt, dass die künstlerisch gestaltete Sprache besonders viele rhetorische Mittel und bzw. oder einen bildreichen Inhalt aufweist – für andere gilt genau das Gegenteil.

Darum legen wir an dieser Stelle resolut fest, dass nach unserem Verständnis ein jeder literarischer Text grundsätzlich sprachkünstlerisch gestaltet ist. Es wird dann später eine unserer Aufgaben sein, dies zu beweisen.

Zum Glück wird sich gleich noch zeigen, dass dies bei einem Gedicht relativ einfach zu machen ist.

Zuvor nehmen wir aber noch ein letztes Merkmal auf, mit dem ein literarischer Text beschrieben werden kann – das Kriterium der *Fiktionalität*.

Fiktionalität bedeutet, dass der Inhalt eines literarischen Textes nicht eins zu eins einem realen Geschehen entspricht, sondern dass er (mindestens in Teilen) ausgedacht wurde.

Das schließt übrigens nicht aus, dass ein Ereignis in der Realität den Autor zum Schreiben veranlasst hat, und es schließt ebenso nicht aus, dass der literarische Text ein solches reales Ereignis insofern beschreibt, als er es in künstlerischer Form verarbeitet.

> Zusammengefasst beschäftigen wir uns also mit schriftlich fixierten Texten, die im weitesten Sinne sprachkünstlerisch und fiktional sind und deren Form bewusst und reflektiert gestaltet wurde.

Damit ist ein literarischer Text im Sinne Wolfgang Kaysers ein *sprachliches Kunstwerk* und als solches von einem gewürfelten Text zu unterscheiden, den ein Computer zusammengesetzt hat. Denn auch solche Texte können nach unseren Kriterien literarisch sein, wenn wir die *bewusste und reflektierte* Gestaltung außenvorlassen. Letztere sorgt dafür, dass die im vorherigen Kapitel beschriebene Ur-Textwahrheit eine Form gewinnt, die nicht völlig frei ist.

Die subjektiven Textwahrheiten bewegen sich durch eine bewusste und reflektierte Gestaltung des literarischen Textes also immer innerhalb eines gewissen Deutungsspielraumes.

Bei einem zufällig zusammengewürfelten Text ist dieser Deutungsspielraum viel größer, weil solch ein Text zwar etwas ‚beinhalten‘ kann, aber er kann nichts ‚behandeln‘ – oder anders gesagt: Dem gewürfelten Text fehlen die Ideen oder Vorstellungen, die durch ihn ausgedrückt werden sollen.

Aber kommen wir nun zum Gedicht.

Woran erkennen Sie eigentlich ein Gedicht, wenn es vor Ihnen liegt? Oder anders gefragt: Was ist ein Gedicht?

Dies zu beantworten fällt nicht einmal der Wissenschaft leicht.

Letztlich hat man sich darauf geeinigt, dass ein Gedicht ein meist kurzer Text in Versform ist.

Schau an. Also ein kurzer Text in Versen ist ein Gedicht. Und was ist ein Vers?

Ein Vers ist ... wenn rechts, links oder links und rechts etwas fehlt. Wenn also ein relativ kurzer Text durchgängig nicht die ganze Zeile füllt, dann könnte es sich um ein Gedicht handeln.

Das ist folglich kein Gedicht:

Wer sich mit den verschiedenen Definitionen des Begriffs *Gedicht* näher befassen möchte, dem seien die beiden von Dieter Lamping herausgegebenen Bücher „Handbuch der literarischen Gattungen" und „Handbuch Lyrik" empfohlen.

Testaufnahmen zum Kennenlernen der Kamera

Bei einer Digitalkamera können Sie das aufgenommene Bild sofort ansehen. Machen Sie während der Lektüre dieser Bedienungsanleitung einige Testaufnahmen, um die Ergebnisse zu überprüfen.

Ist das ein Gedicht?

Testaufnahmen zum Kennenlernen der Kamera

Bei
einer
Digitalkamera können
Sie
das aufgenommene Bild sofort
ansehen.
Machen
Sie
während der Lektüre dieser
Bedienungsanleitung
einige Testaufnahmen,
um
die Ergebnisse zu überprüfen.

Hätten Sie den ersten Text aus der Anleitung einer Kamera nicht gelesen, hätten Sie dann den zweiten Text für ein Gedicht gehalten?

Lassen Sie uns ehrlich miteinander sein – wahrscheinlich hätten Sie den zweiten Text als Gedicht akzeptiert.

Versuchen wir noch etwas:

Wenn Sie beide Texte einmal laut lesen, bemerken Sie dann in Ihrem Leseverhalten Unterschiede?

Na?

Los!

Lesen Sie laut!

Und? Also ich merke da einen Unterschied.

Ich lese den zweiten Text anders, irgendwie ... betonter, langsamer. So als wäre es ein wichtiger Text.

Es scheint so zu sein, dass Gedichte durch ihre Versform zu einer bestimmten Art des Lesens führen.

Weil unsere Augen die Zeile wechseln müssen, stocken wir im Lesefluss und das klingt dann anders – wir betonen plötzlich anders.

Das Schreiben in Versen nennt man *Segmentierung*.

Und die sogenannte *Segmentierung in Versen* (also das Aufteilen der Wörter auf verschiedene Zeilen) ermöglicht es, bestimmte Wörter oder Abschnitte hervorzuheben, indem sie als eigenständiger Vers für sich stehen. In der Folge betonen wir diese dann anders als in einem Text, der als sogenannter Fließtext verfasst wurde.

Damit machen Betonung und Hervorhebung die Verssegmentierung zu mehr als einer reinen Spielerei, sie machen sie zu einer Eigenart des Gedichts.

Und wir wollen nun annehmen, dass diese Eigenart der Verssegmentierung selbst schon eine Form der sprachkünstlerischen Gestaltung ist. Das hat nämlich den Vorteil, dass wir diese nicht weiter nachweisen müssen.

Clever, oder?

Aber natürlich ist das Schreiben in Versen auch in anderen Textsorten möglich.

Sowohl die epische Versdichtung als auch das Drama können sich dieser Schreibweise bedienen.

Doch während epische Texte nicht gerade für ihre Kürze bekannt sind und damit nur schwer als Gedichte in Frage kommen, unterscheiden sich dramatische Texte durch Merkmale wie Figurenbezeichnungen oder Nebentexte (umgangssprachlich auch als Regieanweisungen bezeichnet) von den Gedichten.

Überlegen wir weiter:

Was hat man Ihnen sonst noch über das Gedicht beigebracht?

Vielleicht ...

Ja, ganz sicher, dass ...

Hm ...

Ah!

Sie haben doch bestimmt gelernt, dass es so etwas wie ein lyrisches Ich gibt!

Stimmt's?

Aber auch um das *lyrische Ich* streitet sich die Wissenschaft ganz gern. Das liegt daran, dass nicht jeder Text mit einem Personalpronomen (ich, du, wir, ihr etc.) aufwarten kann und ohne Personalpronomen – so meinen einige – lässt sich das lyrische Ich nur schwer belegen.

Wir wollen aber trotzdem annehmen, dass es so etwas wie das lyrische Ich in jedem Gedicht gibt. Es soll sich dabei um eine fiktive (ausgedachte) Gestalt handeln, die den Text ‚spricht'.

Dadurch umgehen wir zum einen die Gefahr der Identifikation mit dem Autor und schaffen uns zum anderen eine Rolle, in die wir schlüpfen können, um das im Gedicht Beschriebene mit den Augen einer Figur zu erkunden.

Wenn wir das aber machen, wenn wir also in eine Rolle schlüpfen, um durch die fiktiven Welten des Gedichts zu schreiten, dann dürfen wir dabei nie vergessen, dass es nur eine Rolle ist.

Nicht Sie selbst ‚handeln' im Gedicht und auch nicht der Autor, sondern das lyrische Ich, in dessen Kopf und Gefühlswelt wir quasi stecken, tut das.

Wenn ich also nachfolgend in unserer Textuntersuchung dazu tendiere, ‚ich' zu sagen, dann meinen Sie und ich natürlich immer:

Ich in der Rolle des lyrischen Ich.

Tja ... und sonst so?

Sonst gibt es keine Merkmale, die tatsächlich weitreichend genug sind, um als eigentümliche Struktur des Gedichts zu gelten.

Selbst die Häufung von stilistischen Mitteln oder auch das oft benannte Auftreten von Reimen können wir hier zwar vermerken, beides trifft jedoch nicht grundsätzlich und immer auf alle Gedichte zu.

So sind manche Texte zum Beispiel betont umgangssprachlich geschrieben und weisen daher nur sehr wenige bis gar keine rhetorischen Mittel auf.

Letztlich machen wir es also der Wissenschaft nach, ergänzen deren sogenannte Minimaldefinition aber um einen kleinen Zusatz und verbinden sie mit unseren Überlegungen zum literarischen Text:

Ein Gedicht ist für uns ein fixierter, oft relativ kurzer Text in Versen, der von einem lyrischen Ich vermittelt wird und folglich fiktional ist. Seine Struktur ist im weitesten Sinne sprachkünstlerisch und wurde in bewusster und reflektierter Form gestaltet.

Der literarische Expressionismus in der Lyrik

Einen Großteil der Vorarbeit haben wir geschafft.

Abschließend wollen wir uns nun noch mit einem Kapitel aus der Literaturgeschichte befassen, bevor es dann an das Gedicht und unsere Untersuchung geht.

Vielen von Ihnen wird vielleicht noch in Erinnerung sein, dass wir in der Schule immer wieder mit dem historischen Kontext des Gedichts konfrontiert wurden. Es mussten Daten auswendiggelernt und Epochenmerkmale, Biographien oder geschichtliche Ereignisse zum Werk in Bezug gesetzt werden.

Und seien wir ehrlich: Wer von uns war davon nicht genervt?

Trotzdem werde auch ich Sie nun mit Hintergrundwissen zum Expressionismus versorgen.

Nicht, weil ich Sie quälen möchte.

Wirklich nicht!

Aber wir werden erkennen, dass Wissen über die Entstehungszeit eines Gedichts sehr hilfreich sein kann. Denn dadurch erklären sich manche Zusammenhänge viel leichter.

Außerdem kommt es am Ende ja auch darauf an, wie wir mit diesen Informationen umgehen.

Ich verspreche Ihnen, dass ich später nicht sage:

So, dann ordnen Sie den Text mal begründet der Epoche zu.

Das wäre mit unserem Ziel auch gar nicht vereinbar. Denn wir wollen uns ja an der Interpretation ersten Grades versuchen.

Wenn wir uns also jetzt mit dem Expressionismus und seinen Merkmalen befassen, dann machen wir dies, um uns die Möglichkeit zu eröffnen, den Text oder Teile davon aus seiner Zeit heraus zu verstehen.

Gleichzeitig schaffen wir uns eine wissenschaftliche Stütze, die unsere Überlegungen untermauert, zur intersubjektiven Vermittlung beiträgt und uns eine Anknüpfung an die Gegenwart erlaubt.

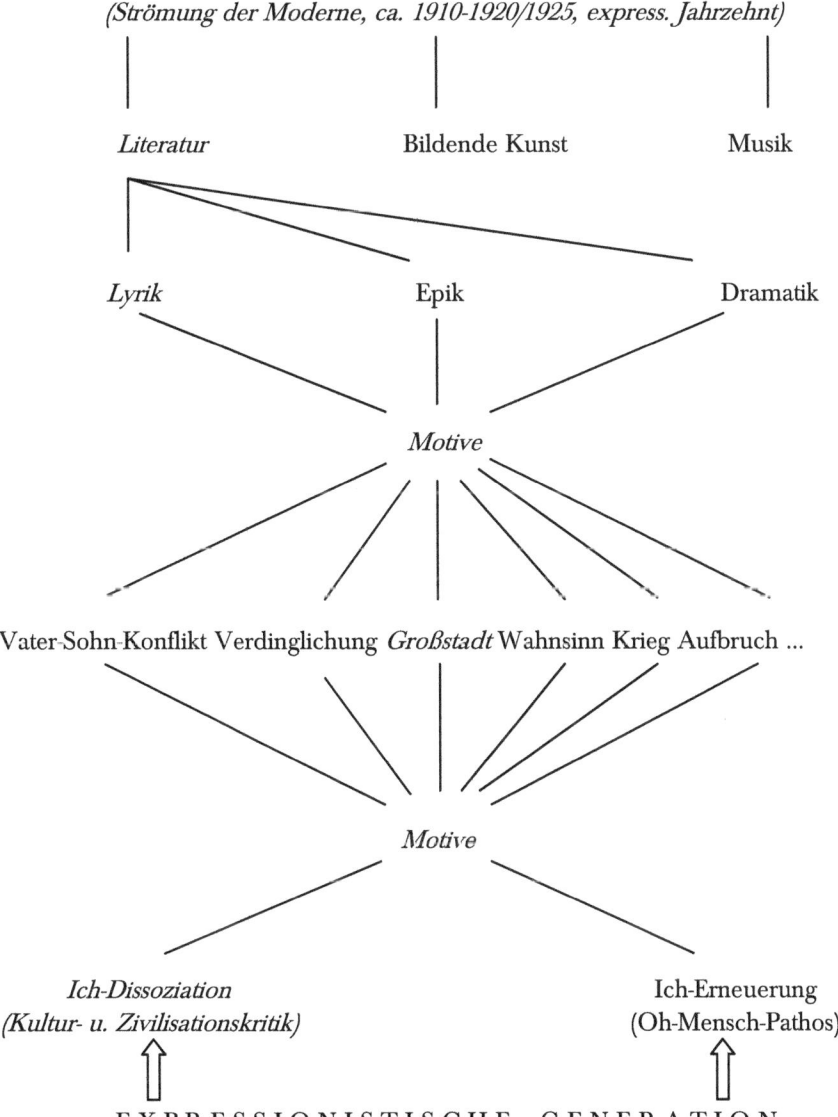

Expressionismus

(Strömung der Moderne, ca. 1910-1920/1925, express. Jahrzehnt)

Literatur   Bildende Kunst   Musik

Lyrik   Epik   Dramatik

Motive

Vater-Sohn-Konflikt Verdinglichung *Großstadt* Wahnsinn Krieg Aufbruch ...

Motive

Ich-Dissoziation   Ich-Erneuerung
(Kultur- u. Zivilisationskritik)   (Oh-Mensch-Pathos)

⇧   ⇧

EXPRESSIONISTISCHE GENERATION

- etwa um 1890 geboren (+/- 5 Jahre)
- Kinder der bürgerlich-intellektuellen Gesellschaft, oftmals Akademiker
- Veröffentlichungen in avantgardistischen Zeitschriften und Verlagen

Das vorhergehende Schaubild fasst sehr kurz und kompakt die wichtigsten Stichworte zusammen, die nötig sind, um zum Beispiel in einer mündlichen Prüfung zum Expressionismus zu bestehen.

Sicher ist Ihnen aufgefallen, dass einige Punkte kursiv hervorgehoben sind. Dabei handelt es sich um diejenigen Merkmale, die für unser Gedicht später noch wichtig werden.

Aber lassen Sie uns die Zusammenfassung gemeinsam durchgehen.

Grundsätzlich können Sie bei diesem Schaubild oben wie unten beginnen. Sie werden feststellen, dass beide Leserichtungen letztlich in der Sammlung verschiedener Motivkomplexe münden, was daran liegt, dass der Expressionismus zumeist vor allem über Motivhäufungen eingegrenzt wird.

Generell scheint es sehr schwierig zu sein, eine umfassende Definition für diesen Zeitraum zu finden, der mit ca. zehn bis fünfzehn Jahren doch recht kurz ist. Da in der Literatur in diesem Zusammenhang sehr oft vom „expressionistischen Jahrzehnt" die Rede ist, wollen wird den Ausdruck auch für unsere Vorstellungen vom Expressionismus übernehmen. Natürlich gab es bereits vorher Texte, die erste Anzeichen des anstehenden ‚jugendlichen Aufschreis' andeuteten und auch über das Jahr 1920 hinaus hallte der Ruf nach Veränderung fort. Doch dieser erklang bei weitem nicht mehr so intensiv wie in den Jahren zuvor, weshalb wir mit dem literaturwissenschaftlichen Blick auf diese Zeit von einer Strömung sprechen wollen und nicht wie für die vorherigen Abgrenzungen üblich von einer Epoche.

Die nachweisbar produktivsten Jahre zwischen 1910 und 1920 gelten also für uns als eine Strömung, die neben anderen Strömungen (wie dem späten Naturalis-

> Es gibt eine Vielzahl spannender und weniger spannender Bücher zum Expressionismus. Hier seien einige notiert, die einen Blick lohnen:
>
> Vietta/Kemper: „Expressionismus", Anz: „Literatur des Expressionismus" und Bogner: „Einführung in die Literatur des Expressionismus".
>
> Wer sich intensiver mit dem Lebensgefühl dieser rasanten Zeit befassen möchte, kann in diesen Büchern einen Eindruck gewinnen:
>
> Metzger: „Berlin. Die 20er Jahre", Stürmer: „Das ruhelose Reich. Deutschland 1866–1918", Schulze: „Weimar. Deutschland 1917–1933".
>
> Grundsätzlich interessant sind auch immer wieder die Vor- und Nachworte zu verschiedenen, von den Expressionisten selbst besorgten Anthologien. Hier wird oft aus der Retrospektive betrachtet eine Bilanz gezogen.

mus, dem Symbolismus, dem Jugendstil, dem Dadaismus oder der Neuen Sachlichkeit) zur Epoche der Moderne gehört. Letztere reicht, 1874 mit dem Naturalismus einsetzend, etwa bis zur Bücherverbrennung 1933.

Die Moderne als Epoche umfasst also verschiedene Strömungen. Ihr gehören aber auch Autoren an, die eher für sich stehen und nur bedingt einer der Strömungen zugerechnet werden können, wie zum Beispiel Hermann Hesse, Robert Musil oder Thomas Mann.

Der Expressionismus ist ein vor allem in Deutschland stilprägendes Phänomen, das in allen Kunstarten auftritt (Literatur, Bildende Künste, Musik) und dessen Name schon 1911 von Kurt Hiller eingeführt wurde, der den Begriff dem Titel einer Ausstellung junger französischer Maler in Berlin entnahm. Innerhalb der Literatur findet sich dieses Phänomen in allen drei literarischen Grundformen wieder. Sowohl die Lyrik als auch die Epik (hier vor allem als kürzere Erzählungen) und die Dramatik greifen dabei auf dieselben Motive zurück, wenn sie diese auch in unterschiedlich starker Form hervorheben. So ist der Vater-Sohn-Konflikt eher das Feld der Epik und Dramatik, während sich die Verdinglichung und Großstadterfahrungen vor allem in der Lyrik ausmachen lassen.

In der Literaturwissenschaft wird im Rahmen der Theorie der Gattungen zwischen den drei *literarischen Grundformen* und den ihnen zugeordneten *historischen Gattungen* unterschieden.

Die drei literarischen Grundformen sind die Lyrik, Epik und Dramatik.

Zu den historischen Gattungen zählen beispielsweise die Hymne oder das Sonett (Lyrik), die Kurzgeschichte oder der Roman (Epik) sowie der Einakter oder die Komödie (Dramatik).

Ich möchte an dieser Stelle darauf verzichten, eine umfassende Beschreibung der historischen Zustände innerhalb des expressionistischen Jahrzehnts zu liefern. Vielmehr empfehle ich Ihnen, sich eine kurze Übersicht zur Hand zu nehmen, wie sie beispielsweise ein gutes Schulbuch liefert.

Oder falls Sie etwas mehr Zeit investieren wollen, dann lohnt auf jeden Fall der Blick in die zuvor angegebenen Titel.

Trotzdem ist es für unser weiteres Vorgehen unerlässlich, zumindest einen ungefähren Eindruck von den Entwicklungen und gesellschaftlichen Zuständen zu haben.

Deswegen seien hier in aller Kürze, ganz subjektiv auf das Thema hin ausge-wählt und ohne Anspruch auf Vollständigkeit, ein paar markante Eindrücke und geschichtliche Ereignisse festgehalten.

Wir befinden uns im immer noch recht jungen deutschen Kaiserreich, das sich – 1871 mit der Krönung des preußischen Königs Wilhelm I. im Spiegelsaal des Schlosses von Versailles gegründet – in rasantem Tempo zu einer modernen Industrienation erhebt.

Was in anderen Ländern ein langandauernder Prozess war, geschieht in Deutschland als sogenannte industrielle Revolution innerhalb recht kurzer Zeit. Vor allem maschinelle Erfindungen und wissenschaftliche Entdeckungen verän-dern das Leben enorm. So wächst die Bevölkerung in Folge einer verbesserten medizinischen Versorgung schnell an und die Sterbensrate bei Kindern sinkt in gleichem Maße.

Mit der Ansammlung von industriellen Arbeitsplätzen in städtischer Nähe kommt es zu einer Abwanderung vom Land in die Großstädte hinein, denn hier entstehen die neuen und oft besser bezahlten Arbeitsplätze.

Zu dieser Masse an Veränderungen im gesellschaftlichen wie privaten Leben treten die teilweise brüchigen Bündnisse auf außenpolitischer Ebene, die im Zusammenhang mit dem kolonialen Streben des Deutschen Reiches eher Unsi-cherheit denn Kontinuität bringen. Zwar sollen die Kolonien als Absatzmarkt und Rohstofflager neue Möglichkeiten eröffnen, doch ihre Eroberung geht nicht nur mit den Kämpfen gegen die dort lebende Bevölkerung einher, sondern sie bringt auch zunehmend Reibereien zwischen den europäischen Großmächten, was wiederum innerhalb der Nationalstaaten zu einer aufgeheizten Stimmung in der Bevölkerung führt.

Das Gefühl eines nahenden Unheils wächst.

Es löst 1910 mit dem Erscheinen des Halleyschen Kometen am Himmel ebenso eine Massenpanik aus, wie es den Untergang der Titanic im Jahr 1912 als eine Art Gottesgericht über die technischen Errungenschaften des Menschen wertet.

Auch Nietzsches Nihilismustheorie und Freuds Psychoanalyse haben ihren An-teil an der Erschütterung von Glaubens- und Sittenfragen.

Was jahrelang als sicher galt, ändert sich plötzlich, was bisher verdrängt oder versteckt wurde, kommt nun an die Oberfläche und wird in langen Sitzungen seziert.

Ein privater Schutzraum muss geschaffen werden, um sich der Überforderung durch Technik, Reizüberflutung und erhöhte Geschwindigkeiten nicht ergeben zu müssen.

Und so flüchtet die Generation der Väter, die diesen Wandel erst angestoßen hat, oftmals in eine merkwürdig reaktionäre Haltung. Was an Veränderung außerhalb der privaten vier Wände vor sich geht, soll nicht Einzug ins eigene Familienleben halten. Fortschritt ja, aber bitte nur in wirtschaftlicher und wissenschaftlicher Hinsicht.

Aus dieser starren Haltung heraus, die die Moralvorstellungen der wilhelminischen Gesellschaft insgesamt prägen, entsteht der in expressionistischer Literatur ausgetragene Vater-Sohn- oder auch Generationskonflikt.

Er thematisiert aus Sicht der Söhne die Forderungen der Väter nach Anerkennung und Liebe sowie nach Unterordnung und Gehorsam, die mit der staatlichen Vorstellung vom braven Bürger einhergehen.

Gestaltet wird nicht die Gesellschaft im Großen, sondern die Familie im Kleinen. Der berufliche Weg und Erfolg des eigenen Kindes entwickelt sich so zum Gradmesser, der die Größe des Vermächtnisses einer Generation bestimmt, die eigentlich den Anstoß des Fortschritts auf ihre Fahnen hätte schreiben können.

Doch stattdessen stößt in Deutschland die gewaltige Energie einer auf Fortschritt hoffenden, jungen Söhnegeneration gegen die Grenzen der reaktionären Moralvorstellungen einer auf Tradition pochenden Vätergeneration und schafft eine Spannung, die sich schließlich auch im Ersten Weltkrieg entlädt.

Zum ersten Mal in der Menschheitsgeschichte wird ein Krieg zu einer unfassbaren, industriell geprägten Materialschlacht, aber dadurch eben auch zu einem für Rüstungskonzerne lukrativen Geschäft.

Der Erfindungsgeist kennt keine Grenzen, wenn es um die Vernichtung von Menschenleben auf effektive Art geht.

Viele junge Männer der expressionstischen Generation verlieren in schweren Kämpfen ihr Leben oder setzen diesem aus Verzweiflung über das große Morden selbst ein Ende.

Gezeichnet vom Krieg kehrt schließlich eine Reihe von Autoren zurück, die sich in ihren Texten mit Verve an den Aufbau einer neuen Welt wagt und so versucht, der jungen Weimarer Republik ein künstlerisches Korrektiv zur Seite zu stellen, das allerdings in den Nöten und Ränkespielen der Nachkriegszeit immer weniger Beachtung findet.

Aber wer war nun Teil dieser jungen Generation von Schriftstellern, der es in nur zehn Jahren gelang, eine prägende Spur in der deutschen Literaturgeschichte zu hinterlassen?

Lesen wir zur Beantwortung dieser Frage das Schaubild auf Seite 35 einmal von unten.

Der ‚Idealtypus‘ des expressionstischen Schriftstellers, so hat es einmal Paul Raabe herausgefunden, wird etwa um 1890 (+/- 5 Jahre) geboren und gehört zumeist einem gehobenen Mittelstand an, ist also Kind des Bürgertums. Viele der Expressionisten haben studiert, etliche promovierten sogar. Es ist also mitnichten die proletarische Arbeiterklasse, die ihren Unmut hier im Schrei entlädt, sondern die durch starre Regeln eingeengte und an Traditionen gebundene bürgerlich-intellektuelle, gutbetuchte Schicht junger Menschen, deren Lebensweg sich durch das Elternhaus bereits vorzeichnet.

Nicht wenige von ihnen gehen einen beruflichen Weg, der eher den Wünschen der Familie als den eigenen Entfaltungsvorstellungen entspricht.

Und so entwickelt die junge Generation ihren Widerstand zunächst weniger in der Lebensführung als vielmehr in Texten, die sie in Verlagen wie Kiepenheuer, Rowohlt, S. Fischer oder Kurt Wolff veröffentlicht sowie in den eigens dafür gegründeten Zeitschriften „Der jüngste Tag“, „Die Aktion“ und „Der Sturm“.

Wem aber der Text als kreative Spielwiese nicht genug ist, der sucht sich ein weiteres Feld, um seinem Drang nach Ausdruck Form zu geben. So finden sich vor allem unter den Expressionisten viele Doppelbegabungen, die nicht nur Schriftsteller, sondern auch Maler, Bildhauer oder Musiker sind.

Bekannte Namen dieser Generation lauten: Gottfried Benn, Alfred Wolfenstein, August Stramm, Else Lasker-Schüler, Clair Goll, Alfred Lichtenstein, Georg

Heym, Johannes R. Becher, Jakob van Hoddis, Wilhelm Klemm, Ernst Stadler, Paul Zech, Albert Ehrenstein, Georg Trakl, Kurt Heynicke, Franz Werfel, Walter Hasenclever, René Schickele, Iwan Goll, Karl Otten ...

Ihnen wird auffallen, dass die Frauen hier unterrepräsentiert sind. Die Aufarbeitung ihrer Rolle in der expressionistischen Literatur bedarf ganz offensichtlich noch einiger Anstrengungen!

Aber bis diese Aufgabe von jemandem mit viel Zeit gemeistert wurde, versuchen wir, den Expressionismus etwas zu gliedern.

Wenn eine literarische Strömung nur eine Dekade umfasst, ist es natürlich grundsätzlich fragwürdig, ob es lohnt, sie in Früh- oder Spätphasen zu unterteilen. Daher wollen wir lieber versuchen, zwei bis drei zeitliche Abstände abzustecken, in denen sich bestimmte Motive und Themen literarisch häufen.

Die frühe Phase des Expressionismus bis etwa zum Kriegsbeginn im Jahre 1914 lässt sich mit dem Ausdruck *Ich-Dissoziation* zusammenfassen.

Darunter verstehen wir die Auflösung oder Zersplitterung des eigenen Ich als rationaler, wertender Instanz.

Ok.

Das klang jetzt kompliziert.

Ich versuche, es Ihnen zu erklären:

Wenn mein Ich dissoziiert, dann ist damit gemeint, dass es sich auflöst oder zerfällt. Und wenn ich kein ‚ganzes' Ich mehr habe, dann kann ich die Welt um mich herum nicht mehr ordnen und bewerten. Denn das ist die Aufgabe meines Ichs – es sortiert die Eindrücke, die meine Sinnesorgane wahrnehmen. Zum Beispiel danach, ob ein Geräusch wichtig oder unwichtig ist, ob ich also in Gefahr bin oder ob es zu der Umgebung gehört, in der ich mich gerade befinde.

Ist mein Ich dissoziiert, ist mein Körper nur noch eine Hülle. Diese nimmt zwar über die Sinnesorgane die Eindrücke der Welt weiterhin auf, kann diese jedoch nicht mehr sortieren, zuordnen oder bewerten, weil der dazu notwendige Geist – das Ich – fehlt.

Die Sinneswahrnehmungen strömen ungefiltert auf und in mich ein, was wiederum den Prozess der Dissoziation noch verstärkt.

Dieser Ich-Zerfall resultiert aus den sogenannten ‚Krisen des Ich' zu Beginn des 20. Jahrhunderts, die vor allem durch die Psychoanalyse, die Nihilismustheorie und die schnellen technischen Veränderungen ausgelöst werden.

War der Mensch vorher das Maß aller Dinge, ist es nun zunehmend die Maschine, die ihn beherrscht, während zugleich seine unterdrückten Begierden diskutiert werden und sein Glaube durch die Aussage Nietzsches, Gott sei tot, in Frage gestellt ist.

In der Literatur des Expressionismus zeigt sich die Ich-Dissoziation als Reaktion des menschlichen Geistes auf die Überforderungen seiner Zeit in verschiedener Form.

Am einflussreichsten muss hier sicherlich die Thematisierung der Großstadt genannt werden, die sich mit weiteren Motiven verbindet und gerade in der Lyrik große Entfaltung findet.

Interessant ist übrigens, dass die Stadt dabei einerseits als Inspirations- und kultureller Lebensraum positiv begriffen, andererseits aber auch als Überforderung erkannt und gehasst wird.

Obwohl die Expressionisten mehrheitlich in den Großstädten lebten, dort ihren kulturellen Austausch in eigens gegründeten Gruppen und Verlagen pflegten, verband sie doch auch immer eine Art Hassliebe mit der großstädtischen Gesellschaft.

So kritisieren zahlreiche Texte die viel zu großen Menschenmassen, die sich durch viel zu enge Straßen schieben, und gleichzeitig zu einer menschlich untragbaren Anonymisierung führen. Man nehme einander nicht mehr wahr, jeder sei nur auf sich selbst bedacht, inmitten einer großen Menge fühle man sich einsam – lauten nur einige der Vorwürfe.

Und so wird die Großstadt für vieles verantwortlich gemacht – für die Vereinsamung, für den Verlust von Naturraum durch das ungebremste Wachstum der Städte, für die Überforderung des Menschen bedingt durch eine stetig wachsende Lärmkulisse, die wiederum aus den zunehmenden Geschwindigkeiten und Reizüberflutungen herrührt.

Die Stadt erhält eine unangenehme Fratze.

Sie wird für die Expressionisten zu einem Dämon.

Und dieser Dämon beherrscht den Menschen ebenso, wie ihn die mechanisierte Arbeitswelt beherrscht.

Denn was vorher nur ein Gegenstand war, wird nun lebendig.

Die Dinge werden *personifiziert*.

Der Mensch wird *verdinglicht*.

Es entsteht dadurch ein Wechsel der bis hierhin in der Philosophie klar geregelten Positionen.

Handelte früher das Subjekt (belebt) mit dem Objekt (unbelebt), ist es nun das belebte Objekt, das den zum Ding degradierten Menschen benutzt.

Ihren Höhepunkt findet die Verdinglichung in der Kritik an den modernen Arbeitsmethoden, wenn der Mensch als kleines Rädchen in der großen Arbeitsmaschine dargestellt wird. Als ein Rädchen, das jederzeit ausgetauscht werden kann. Ein Bild übrigens, das fast fünfzehn Jahre später noch Fritz Lang in seinem heute vielgepriesenen Film „Metropolis" nutzt.

Als Folge reduziert sich der Mensch in seiner Eigenwahrnehmung selbst auf autonom handelnde Gliedmaßen: Nicht er bedient die Maschine, sondern die Hand (nicht mehr seine Hand) zieht unentwegt den Hebel, das Bein drückt ohne Unterlass das Pedal und das Auge

> Wenn Dinge bzw. eigentlich unbelebte Objekte, die keinen eigenen Willen besitzen, vermenschlicht werden, so nennen wir das eine *Personifikation*. Diese Dinge können dann oft wie Menschen sprechen oder handeln:
>
> *Der Stein lag träge auf dem Weg und sah den Wanderer müde an.*
>
> Durch die Zuschreibungen „träge" und „müde ansehen" wird dem Stein eine Lebendigkeit zugeschrieben, die ihm eigentlich nicht eigen ist.
>
> Als *Verdinglichung* bezeichnen wir das Gegenteil der Personifikation, wenn also Menschen zu Objekten verwandelt werden bzw. objekthafte Züge annehmen:
>
> *Dachdecker stürzen ab und gehen entzwei.*
>
> Nur Dinge können entzwei, also kaputt gehen.

behält ohne Zuckungen die Anzeige im Blick. Das Ich dissoziiert, der Mensch handelt nicht mehr als Ganzes, er handelt nicht mehr als lebendiges Wesen, sondern nur noch als organische Verlängerung der Maschinerie.

Mit dem Ausbruch des Ersten Weltkrieges ändern sich die Themen und Motive radikal.

War der Krieg bereits vorher in einigen Texten durchaus präsent als eine diffuse Form der Hoffnung auf eine starke Kraft, mit deren Hilfe sich die verkrusteten Strukturen zertrümmern lassen, damit etwas Neues aus der Asche entstehen kann, so hinterlässt die Kriegsrealität doch tiefe Wunden in der expressionistischen Generation.

Die eigenen Fronterlebnisse sowie der Verlust zahlreicher Freunde und Schriftstellerkollegen drängen mit Macht in die Literatur hinein.

Die Dissoziation des Ich wird im Schützengraben von dem existenziellen Rückwurf auf sich selbst abgelöst.

Das Grauen der Wirklichkeit übersteigt alles bisher Dagewesene, alles bisher Vorstellbare und lässt sich nur schwer in Worte fassen.

Der Autor August Stramm fiel schon vor Kriegsbeginn durch seine radikalen Wortexperimente auf, die in stark reduzierten und auf den Ausdruck des Einzelwortes hin konzentrierten Gedichten gipfelten.

Mit Beginn des Krieges und dessen Einbruch in die literarische Welt Stramms gewinnen seine Texte noch einmal eine bis dahin unbekannte sprachliche Radikalität, die versucht, das Unbeschreibliche greifbar zu machen.

In einem Brief vom 14.02.1915 an seinen Verleger und Freund Herwarth Walden fasst Stramm sein Erleben in erschütternde Worte:

„Hast Du schon mal einen Fleischerladen gesehen, in dem geschlachtete Menschen zu Kauf liegen. und dazu stampfen mit ungeheurem Getöse die Maschinen und schlachten immer neue in sinnreichem Mechanismus. Und Du stumpf darin gottlob stumpf Schlächter und Schlachtvieh. Und schwarze Teufel stampfen allenthalben urplötzlich aus dem Boden die Schlächtergesellen die Granaten. und schwefelgelbe [...] laufen dazwischen für die Kleinarbeit die Schrapnells, geschäftig hin und her. Und die kleinen Wiegemesser zischen und klippen unaufhörlich dazwischen geschäftig, eilig, heftig, das Gewehrfeuer. Gestern riß so ein Schlächtergeselle meinen Nebenmann mit einem einzigen Griff in Fetzen und überschüttete mich hohnlachend mit Blut und Fleisch und Dreck. Laß genug, genug sein." (aus Stramm, August: Alles ist Gedicht, S. 37 f.)

Schon während des Krieges, insbesondere aber mit dessen Ende, rückt der zweite große Komplex innerhalb der expressionistischen Dichtung in den Vordergrund: die *Ich-Erneuerung*.

Nachdem sich der Mensch aufgrund der Dissoziation des Ichs erst verloren hat, um dann im Erleben des Krieges wieder auf sich selbst zurückgeworfen zu werden, soll nun ein sogenannter neuer Mensch entstehen.

Im lichten Aufbruch wird das Dunkel der Vergangenheit zerstört, der Mensch erwacht zu neuem Leben, zu einer neuen Gemeinschaft.

Hand in Hand besiegt das Volk in brüderlicher Einigkeit das Grauen des Krieges.

Der neue Mensch lebt in Frieden und Harmonie mit jedem anderen Menschen, denn er liebt und respektiert und erkennt jeden als gleichwertig an.

Es ist vor allem das in vielen Gedichten mitschwingende Pathos, das uns diese Texte heute mit einer hochgezogenen Augenbraue lesen lässt.

Die entleerte Licht-Schatten-Metaphorik einer abgesetzten religiösen Instanz lässt sich nur schwer mit neuen Inhalten füllen, um den neuen (besseren) Menschen an die vakante Gottesposition zu setzen. Zumal die Expressionisten auch keine programmatischen Vorschläge machen, wie eine solche Vorstellung vom Menschen in die Realität übertragen werden kann.

Und so verhallen die Aufrufe zwar nicht ungehört, aber doch belächelt von einer Gesellschaft, die mit sich selbst ringt und deren Zustand für die Menschen zum abenteuerlichen Überlebenskampf geworden ist.

So.

Fertig.

Ich hoffe, Sie konnten eine ungefähre Vorstellung von den Entwicklungen innerhalb des expressionistischen Jahrzehnts gewinnen.

Bewahren Sie sich diese, wenn wir uns nun endlich in unser eigenes Abenteuer stürzen - das *Verstehen durch Sehen*.

Gedichtuntersuchung

Verstehen durch Sehen

Jedes Verstehen eines Gedichts beginnt mit dem Lesen des Textes. Daher ist es sicher auch nicht verwunderlich, wenn wir unseren ersten Zugang zum Gedicht über das Sehen suchen.

Allerdings geht es dabei nicht allein um das Sehen des Textes (der Buchstaben und Wörter), sondern auch um das Sehen von Bildern, die während des Lesens im Kopf entstehen.

Ich möchte Sie nämlich dazu ermuntern, sich stärker Ihrer Phantasie zu überlassen. Denn wir Menschen sind mit Hilfe der Vorstellungskraft in der Lage, Gelesenes vor unserem inneren Auge so zu erschaffen, dass wir es sogar ausführlich beschreiben können.

> Wer sich aus didaktischer Sicht mit dem Verstehen durch Sehen befassen möchte, dem sei Erich Hartmanns „In Bildern denken – Texte besser verstehen" zur Hand gegeben.

Natürlich gibt es immer auch Menschen, denen es zunächst schwer fällt, die Inhalte eines Textes in vorgestellte Bilder umzuwandeln. Aber die meisten von uns kommen doch ganz gut mit ihrem ‚inneren Auge' zurecht und für alle anderen heißt es leider – üben, üben, üben!

Das hier vorgestellte *Verstehen durch Sehen* geht also von unserer ganz eigenen Vorstellungskraft aus.

Nun ist es in der Diskussion mit anderen Menschen, vor allem wissenschaftlich ausgebildeten Textinterpreten, nicht unbedingt überzeugend, wenn wir sagen: Ich stell mir das so vor, dass das so ist.

Dann lachen uns die anderen nämlich aus.

Deshalb geben wir unseren Vorstellungen einen Namen, der im Austausch mit anderen etwas angemessener wirkt.

47

Wir nennen sie: *Assoziationsbilder.*

Wenn Sie sich einmal die Zeit nehmen, um über diesen Begriff nachzudenken, dann werden Sie schnell feststellen, dass er nicht nur gebildet klingt, sondern auch mehrere Ihrer Fähigkeiten beinhaltet.

1. Die Fähigkeit, sich Textinhalte vorzustellen.
2. Die Fähigkeit, sich vom Text zu weitergehenden Gedanken und Gefühlen inspirieren zu lassen.
3. Die Fähigkeit, diese Vorstellungen in innere Bilder umzuwandeln.

Diese drei Fähigkeiten sind immens wichtig, um Gedichte verstehen zu können.

Und vielleicht ist Ihnen ja auch gerade schon aufgefallen, dass Assoziationsbilder nicht einfach so entstehen?

Denn die Punkte zwei und drei unserer Liste berufen sich beide auf den Text. Ohne Text, keine Assoziation.

Oder anders gesagt: Ohne Textbild kein Assoziationsbild.

Aber was ist das jetzt genau – ein *Textbild?*

Dieser Begriff versucht, den Text in verschiedene Abschnitte zu unterteilen und zwar in solche Abschnitte, die sich inhaltlich voneinander abgrenzen lassen.

Das Problem dabei ist, dass die Einteilung in Textbilder nicht automatisch zu allgemeingültigen Einheiten führt – also nicht zu solchen Einheiten, die grundsätzlich und immer für dieses bestimmte Gedicht gelten. Sondern es ist ganz im Gegenteil möglich, dass Sie die Textbilder im Gedicht anders bestimmen als ich es tue. So könnten Sie zum Beispiel zwei Textteile – die ich als Einzelbilder beschreibe – zu einem einzigen Textbild zusammenfassen.

Für uns soll nun erst einmal gelten: Unter einem

Der Begriff *Assoziationsbild* beschreibt die Vorstellungen, die der Text im Leser auslöst.

Der Begriff *Textbild* beschreibt eine Wortgruppe (seltener auch ein Einzelwort), die sich auf der Textoberfläche (der syntaktischen Ebene) von anderen Wortgruppen durch ihren inhaltlichen (semantischen) Zusammenhang abgrenzen lässt.

Welche Wörter zu einem Textbild zusammengeschlossen werden, hängt vom jeweiligen Leser und dessen Blick auf den Text ab.

Assoziationsbilder beruhen auf Textbildern, sie gehen aus diesen hervor.

Textbild verstehen wir Wortgruppen oder inhaltlich starke Einzelworte, die eine Art Szenerie oder einen für sich stehenden Bild- bzw. Geschehensausschnitt beschreiben. Dieser Ausschnitt muss sich von vorhergehenden und nachfolgenden Beschreibungen abgrenzen lassen können, darf aber auch Teil eines übergeordneten, größeren Textbildes sein.

Ok. Schon klar. Das klang wieder etwas kompliziert, stimmt's?

Aber keine Sorge, die Unterscheidung von Text- und Assoziationsbild ist gar nicht so schwer. Wir üben das gleich an einem Beispiel. Schnappen Sie sich also Papier und Stift, denn unser Abenteuer beginnt genau hier und jetzt:

> Eine ausgesprochen gut lesbare und spannende Biographie zu Georg Heym hat Gunnar Decker geschrieben. Ich empfehle sie allen, die mehr über Heyms leider recht kurzes Leben erfahren wollen.

Die Städte (Georg Heym, 1912)

Der dunkelnden Städte holprige Straßen
Im Abend geduckt, eine Hundeschar
Im Hohlen bellend. Und über den Brücken
Wurden wir große Wagen gewahr,

Zitterten Stimmen, vorübergewehte.
Und runde Augen sahen uns traurig an
Und große Gesichter, darüber das späte
Gelächter von hämischen Stimmen rann.

Zwei kamen vorbei in gelben Mänteln,
Unsre Köpfe trugen sie vor sich fort
Mit Blute besät, und die tiefen Backen
Darüber ein letztes Rot noch verdorrt.

Wir flohen vor Angst. Doch ein Fluß weißer Wellen
Der uns mit bleckenden Zähnen gewehrt.
Und hinter uns feurige Abendsonne
Tote Straßen jagte mit grausamem Schwert.

Eine erste und wirklich wichtige Bitte habe ich an Sie:

Lesen Sie das Gedicht noch einmal.

...

...

...

Und noch einmal.

...

...

...

Und noch einmal!

...

...

...

Haben Sie den Text mehrmals gelesen?

Wirklich?

Sehr gut!

Dann können wir ja gleich die ersten Notizen machen.

Schreiben Sie zunächst auf, wie Sie das Gedicht wahrnehmen.

Was löst es in Ihnen aus?

Finden Sie es spannend oder langweilig oder traurig oder schön oder ...?

Und dann schreiben Sie bitte noch auf, was Ihnen alles fremd vorkommt – unbekannte Wörter, seltsame Zusammenhänge, Textstellen, die Sie nicht so richtig verstehen ...

Ich habe Ihnen auf der gegenüberliegenden Seite etwas Platz gelassen, um die Notizen gleich im Buch festhalten zu können.

So.

Wenn es gut lief, dann haben Sie nun bereits erste Eindrücke gesammelt.

Sehr gut!

Und jetzt lesen Sie das Gedicht bitte ein weiteres Mal.

Aber dieses Mal konzentrieren Sie sich darauf, welche Vorstellungen Sie beim Lesen entwickeln.

Richtig!

Sie sollen Ihre Assoziationsbilder notieren.

Schreiben Sie auf, was Sie innerlich sehen und wie Sie sich das, was dort beschrieben steht, vorstellen.

Ihre Notizen dürfen chaotisch sein.

Sie dürfen sich auch Skizzen machen.

Was immer Ihnen hilft, um zu beschreiben, was Sie innerlich sehen – nutzen Sie es für Ihr Verstehen.

Und eine ganz große Bitte: Schreiben Sie auch auf, wer in dem Gedicht etwas tut!

Aber nicht vergessen: Das lyrische Ich handelt, nicht Sie selbst.

Und natürlich finden Sie auf der gegenüberliegenden Seite wieder Platz für Ihre Notizen.

Haben Sie das Gedicht wieder mehrmals gelesen?

Haben Sie sich Notizen gemacht?

Schön.

Dann lassen Sie uns nun versuchen, das Gedicht gemeinsam zu erschließen.

Ich werde Ihnen meine Assoziationsbilder beschreiben und Sie können diese dann mit Ihren Vorstellungen vergleichen.

Wir werden dabei Gemeinsamkeiten und Unterschiede feststellen.

Das darf und soll so sein.

Bitte denken Sie nicht, dass Ihre Assoziationsbilder weniger richtig oder gar falsch wären, wenn sie sich von den meinen unterscheiden – das ist nicht der Fall!

Wir werden zusammen herausfinden, woran es liegt, dass wir verschiedene Vorstellungen entwickeln.

Dazu beginnen wir mit dem Titel und dem ersten Satz des Gedichts, der sich über drei Verse hinweg erstreckt:

Die Städte

> Der dunkelnden Städte holprige Straßen
> Im Abend geduckt, eine Hundeschar
> Im Hohlen bellend.

Grundsätzlich lohnt es sich, wenn man ein Gedicht näher untersucht, nach Satzzeichen zu schauen.

Ein Satz ist meist ein abgeschlossener Sinnabschnitt – oftmals mit mehreren Unterabschnitten (beispielsweise mit Nebensätzen) versehen.

Wenn Sie also durch Satzzeichen markierte Sätze finden, dann nehmen Sie sich diese als eine erste Gliederung zu Hilfe.

Gibt es keine Satzzeichen, müssen Sie einen anderen Weg finden, um eine sinnvolle Unterteilung für die Untersuchung vorzunehmen. In einem solchen Fall könnten Sie Vers für Vers oder Strophe für Strophe durchgehen. Vielleicht finden Sie auch Zusammenhänge zwischen mehreren Wörtern oder Wortgruppen, die den Text strukturieren.

Doch zurück zu unserem Satz und dem Titel.

Ich denke mal, dass Sie ebenso wie ich beim Lesen von Titel und Satzanfang sofort die Assoziation von einer Stadt entwickeln.

Von einer Stadt?

Oder von zwei Städten?

Oder von drei oder vieren?

Nun?

Beinahe alle Menschen, mit denen ich dieses Gedicht besprach, sahen nur eine Stadt, obwohl die Überschrift und auch der erste Satz ganz eindeutig die Mehrzahl „Städte" verwenden.

Woran könnte das liegen?

Die Antwort darauf hängt mit dem weiteren Verlauf des Gedichts zusammen, denn dort werden die Erlebnisse innerhalb ‚einer' ausgewählten Stadt geschildert. Das Geschehen vollzieht sich ganz offensichtlich nicht in unterschiedlichen Städten.

Unsere Wahrnehmung wird vom Gesamttext beeinflusst.

> Das Stilmittel des *Typus* ist vor allem im Drama ein häufig genutztes. Es handelt sich dort um namenlose Figuren, die stattdessen mit einer sogenannten generischen Bezeichnung versehen werden, wie z.B. „Vater". Solche Figuren stehen dann stellvertretend für alle Individuen dieser Klasse, ihre Eigenschaften gelten also für alle „Väter".
>
> Insbesondere das expressionistische Drama arbeitet verstärkt mit typisierten Figuren.

Er begrenzt hier unsere innere Vorstellung.

Deshalb sehen die meisten nur eine Stadt und nicht mehrere Städte.

Trotzdem wird durch den Titel ein Hinweis darauf gegeben, dass der hier beschriebene Inhalt nicht nur auf eine Stadt zutrifft.

Er trifft auf mehrere Städte zu. Wahrscheinlich sogar auf alle Städte!

Denn es handelt sich beim Titel um eine Form der *Typisierung*, die dem Inhalt des Textes eine gewisse Allgemeingültigkeit verleiht.

Übrigens:

Sollten Sie zu den wenigen Menschen gehören, die tatsächlich mehr als eine Stadt sehen, dann ist das nicht weiter bedenklich.

Sie sind dem geschriebenen Wort eben sehr treu.

Das ist gut!

Aber kehren wir zurück zum ersten Satz des Gedichts, der hier erneut abgedruckt wird, damit Sie nicht ständig hin und her blättern müssen:

> Der dunkelnden Städte holprige Straßen
> Im Abend geduckt, eine Hundeschar
> Im Hohlen bellend.

Lassen Sie uns unsere Vorstellungen vergleichen.

In meinem Assoziationsbild befinde ich mich (in der Rolle des lyrischen Ich!) außerhalb der Stadt.

Ich stehe auf einer breiten Landstraße, die aus festem Sand besteht, ähnlich einem Feldweg, und blicke auf die Silhouette einer leicht futuristisch wirkenden Großstadt, die dem Film „Metropolis" entsprungen sein könnte.

Es ist früher Abend, die Sonne geht langsam unter.

Die Straße führt über sanfte Hügel zur Stadt hin.

Dann gibt es einen Bruch in meiner Vorstellung.

Es kommt zu einem schnellen Zoom in die Stadt hinein bis zu einer dunklen Gasse, die von einer Hauptstraße abgeht.

Das Licht einer Laterne fällt in die Gasse und beleuchtet die Wand eines Hauses.

Darauf bewegen sich die Schatten bellender Hunde. Ansonsten ist die Stadt bisher leer.

Wenn Sie nun meine Assoziationen mit den Ihrigen vergleichen, dann werden Sie schnell feststellen, dass sich unsere Vorstellungen unterscheiden.

Vielleicht nicht vollkommen, aber doch sicherlich in einigen Punkten.

Hier spielen das unterschiedliche *Vorwissen* und die jeweils ganz eigenen Lebenserfahrungen eine Rolle.

Wir wollen das gleich noch genauer untersuchen und für uns einordnen.

Vorher möchte ich Ihnen aber einige Assoziationen von Studierenden beschreiben, mit denen ich gearbeitet habe:

Manche von ihnen befanden sich von Beginn an in der Stadt und sie sahen die Hunde direkt vor sich.

Andere standen außerhalb. Sie hörten die Hunde bellen, kamen aber gedanklich nie in die Nähe einer Gasse.

Manche sahen eine ganz bestimmte Stadt vor sich.

Andere sahen eine moderne Stadt, wie wir sie heute kennen, konnten diese jedoch nicht namentlich zuordnen.

Wieder andere beschrieben die Stadt als das London des viktorianischen Zeitalters.

> Das *Vorwissen* spielt bei dem Verstehen von Gedichten und der späteren Interpretation eine große Rolle. Wir können nur aus unseren Erfahrungen und unserem Wissen heraus eine Vorstellung davon entwickeln, was ein Text möglicherweise ausdrückt. Deshalb ist es wichtig, dass wir uns immer wieder vor Augen führen, weshalb wir etwas in dieser oder jener Form imaginieren, denn unsere Phantasie spiegelt hier den Stand unseres Lebens wider.

Einige sahen Straßen aus Asphalt oder Kopfsteinpflaster und nicht wie ich aus Sand.

Sie sehen also, dass es ganz unterschiedliche Möglichkeiten gibt, um sich in diese ersten Beschreibungen hineinzudenken. Unsere nächste Frage muss daher lauten:

Warum stellen wir uns etwas so vor, wie wir es uns vorstellen?

Hierfür gibt es nun zwei mögliche Ansprechpartner.

1. Wir können uns diese Frage selbst stellen.
2. Wir können diese Frage an den Text stellen.

Für unser Vorgehen empfiehlt es sich, zuerst einmal uns selbst zu befragen.

Und genau das werde ich nun tun:

Welchen Anteil habe ich selbst an den oben beschriebenen Assoziationen?

Ich habe die Stadt als eine futuristisch wirkende Großstadt beschrieben, die dem Film „Metropolis" entsprungen sein könnte.

Sehr wahrscheinlich resultiert diese Vorstellung aus meinem Wissen über die Entstehungszeit des Gedichts.

Dazu muss ich anmerken, dass ich ein starkes Interesse bzw. eine große Vorliebe für die Literatur der Moderne hege.

Ich habe mich deshalb sehr viel mit den Texten, Filmen und Künsten dieser Zeit befasst.

Und diese Vorarbeiten prägen nun meine Leseeindrücke.

Dabei ist es interessant, dass ich überhaupt keinen Zweifel daran habe, dass es sich bei der beschriebenen Stadt (bzw. den allgemein gemeinten Städten) um eine Großstadt handelt.

Warum ist das so?

Durch meine Arbeit an der Universität und durch die Auseinandersetzung mit der expressionistischen Literatur weiß ich, dass das Motiv der Großstadt für die Zeit um 1912 ein zentrales Motiv des frühen Expressionismus und insbesondere der Lyrik ist.

Man spricht in diesem Zusammenhang von *Großstadtlyrik.*

Aber geht aus dem Gedicht tatsächlich unabdingbar hervor, dass es sich um eine Großstadt handelt?

Nein, nicht wirklich. Es könnte sich ebenso um eine Kleinstadt handeln.

Mein Vorwissen greift also auch hier massiv in meinen Leseprozess ein.

Ist das bei Ihnen ebenso? Warum sehen Sie etwas so, wie Sie es sehen? Warum sieht die Stadt, die Sie sehen, so aus, wie sie aussieht? Ist es eine bestimmte Stadt oder irgendeine Stadt?

Nehmen Sie sich Zeit!

Reflektieren Sie Ihr Vorwissen und Ihre Erfahrungen. Notieren Sie Ihre Erkenntnisse dazu auf dieser Seite:

In einem zweiten Schritt stellen wir die gleiche Frage nun an das Gedicht:

Welchen Anteil hat der Text an den oben beschriebenen Assoziationen?

Ich habe bei der Beschreibung meiner Assoziationen davon gesprochen, dass ich mich auf einer Art Landstraße befinde, die aus festem Sand besteht.

Diese Vorstellung führe ich auf die Wortverbindung „holprige Straßen" zurück, die für mich keine glatt asphaltierte Autobahn beschreibt.

Trotzdem kämen aber auch Kopfsteinpflaster oder eine Straße mit Schlaglöchern in Frage.

Ich aber sehe eine holprige, sandige Landstraße in abendlicher Stimmung.

Und diese abendliche Stimmung resultiert aus den Worten „dunkelnden" und „Im Abend".

Auch die Vorstellung einer Straßenlaterne, die gleich darauf folgend die Gasse in der Stadt beleuchtet, ist dieser Vorstellung von abendlichem Dunkel geschuldet – denn irgendwo muss das Licht für die Schatten der Hunde ja herkommen.

Doch vorher muss ich noch erklären, woher in meinen Assoziationen der schnelle Zoom in die Stadt hinein kommt.

Er ergibt sich durch die Aufzählung, die durch das Komma angezeigt wird.

Es steht nicht im Gedicht, dass in die Stadt hineingegangen wird.

Sondern es wird Bild an Bild gereiht („[...] geduckt, eine Hundeschar [...]").

Für mich zeigt dies einen Zoom an.

Für andere deutet das Komma eher auf eine Gesamtkulisse hin und sie nehmen beides gleichzeitig wahr.

Die bellenden Hunde erklären sich aus dem Zusammenhang: „eine Hundeschar [...] bellend".

Die vorgestellte Gasse wiederum sehe ich, weil die Beschreibung des Bellens durch die Präposition „im" einen örtlichen Charakter bekommt: „Im Hohlen bellend".

Die Hunde befinden sich „Im Hohlen" – wie in einer Höhle oder eben in meinem Fall in einer hohlen Gasse.

Auf diese Beschreibung führe ich auch zurück, dass ich die Hunde nicht direkt sehe, sondern nur ihre Schatten an der Wand wahrnehme sowie ihr Bellen höre.

Sie sehen hoffentlich, wie hilfreich der Text sein kann, um den Ursprung der Assoziationsbilder zu ergründen.

Wenn ich nun meine Assoziationen und die Textstellen miteinander vergleiche, dann ergeben sich für mich zwei Textbilder, die den Assoziationsbildern zu Grunde liegen.

Textbild 1: „Der dunkelnden Städte holprige Straßen / Im Abend geduckt".

Textbild 2: „eine Hundeschar / Im Hohlen bellend."

Durch das Komma lässt sich die Trennung des Satzes in zwei Textbilder belegen. Gleichzeitig verbindet es beide Bilder aber auch zu einer Szenerie, die durch den Punkt am Ende abgeschlossen wird.

Ich habe also ein übergeordnetes Textbild, das aus zwei Teilen besteht.

Der Wechsel und der Zusammenhang zwischen den beiden Teilen wird in meiner Vorstellung gleichermaßen über den Zoom vollzogen. Im Gedicht werden die Bilder durch das Komma sowohl zusammengezogen, als auch von einander getrennt.

Angemerkt sei noch, dass der Zoom in meinem Assoziationsbild eine gewisse Dynamik bewirkt.

Die Textoberfläche gibt mir also alle notwendigen Hinweise, um meine Assoziationsbilder entstehen zu lassen und um diese zu belegen.

Verbinde ich nun meine Überlegungen zum Vorwissen mit denen zur Textgestaltung, so ergibt sich eine Beschreibung meiner Assoziationsbilder, die auf der Textoberfläche basiert und die durch mein Vorwissen und die Lebenserfahrungen ausgefüllt wird.

Diese Schritte und Erkenntnisse können wiederum jedem Außenstehenden erklärt werden – meine Überlegungen sind also intersubjektiv vermittelbar.

Aber nun sind Sie an der Reihe. Finden Sie heraus, woher Ihre Vorstellungen stammen. Schauen Sie sich die Textoberfläche genau an. Der Text wird Ihnen antworten.

Notieren Sie hier die Belege für Ihre Assoziationen:

Wenden wir uns dem nächsten Satz zu und vergleichen wir erneut unsere Vorstellungen:

Und über den Brücken
Wurden wir große Wagen gewahr,

Zitterten Stimmen, vorübergewehte.

Mein Blick geht von der Wand mit den Schatten der Hunde darauf schräg nach links oben.

Dort befinden sich in unterschiedlicher Höhe Brücken zwischen hohen Häusern.

Sie verlaufen quer zur Hauptstraße, an der ich noch immer stehe.

Die Brücken sind recht hoch.

Neben mir steht jemand.

Ich nehme die Person nur aus dem Augenwinkel wahr und kann sie nicht beschreiben.

Sie richtet wie ich den Blick nach oben.

Ich kann auf der Brücke, die am nahesten ist, Autos erkennen – sie sehen wie kleine, alte Transporter aus.

Gleichzeitig höre und sehe ich Stimmen.

Da wir auf das Hören später noch eingehen, beschränke ich meine Beschreibung darauf, dass ich die Stimmen auch visuell wahrnehme.

Sie liegen über der Brücke und machen sich durch eine Art Zittern der Luft bemerkbar, das durch den Fahrtwind der Wagen hervorgerufen wird.

Dieser Fahrtwind ist es auch, der die Stimmen verweht.

Dadurch sind diese nicht deutlich zu vernehmen, ich kann also keine Sätze oder Wörter verstehen. Sie sind lediglich als Stimmengewirr identifizierbar.

Erneut werden meine Vorstellungen von meinem Wissen über die Zeit beeinflusst.

Die Brücken zwischen den Häusern ähneln nämlich einem Plakatmotiv, das – es wird Sie nicht überraschen – für den Film „Metropolis" angefertigt wurde.

(Schauen Sie einfach mal im Internet nach diesem sehr grünen Filmplakat. Ich bin sicher, dass Sie es schnell finden werden. Dann haben Sie eine ungefähre Vorstellung von dem, was ich sehe.)

Die alten Transporter, die in die zwanziger Jahre passen, kenne ich von Bildern aus dieser Zeit.

Viel spannender aber ist, wie ich mir die sichtbaren Stimmen vorstelle.

Und weshalb ich sie mir gerade so vorstelle, wie ich es oben angedeutet habe.

Sie müssen wissen, dass hier zwei Dinge zusammenfallen – mein physikalisches Wissen und eine Erfahrung aus meiner Schulzeit.

Mein physikalisches Wissen sagt mir, dass Schallübertragung durch Schallwellen funktioniert.

In meinem Assoziationsbild werden mir die Schallwellen im wahrsten Sinne des Wortes ‚vor Augen geführt', indem die Luft erzittert. Es besteht eine gewisse Ähnlichkeit zum Flimmern von Luft an heißen Sommertagen.

Hinzu tritt die Erinnerung an ein Experiment aus dem Physikunterricht.

Es war in der achten oder neunten Klasse, als wir uns mit der Akustik befasst haben. Hinter einer Trommel wurde mit etwas Abstand eine brennende Kerze aufgestellt. Schlug man nun mit einem Trommelschlegel auf diejenige Seite der Trommel, die der Kerze abgewandt war, so erzeugten die Schallwellen eine Veränderung des Luftdrucks.

Die Flamme der Kerze flackerte.

Der Schall, oder vielmehr dessen Auswirkung, wurde also sichtbar.

In meiner Vorstellung entstand das Bild von zitternder Luft, das mich offensichtlich bis heute begleitet.

Aber gleichen wir nun meine Assoziationen mit dem Text ab.

Zunächst einmal zeigt sich, dass es überhaupt keinen Grund dafür gibt, die „Wagen" als alte Transporter zu sehen.

Am ehesten ließe sich dies noch durch das adjektivische Attribut „große" erklären, das sich zum Substantiv „Wagen" gesellt.

Aber das Wort „Wagen" könnte neben einem solchen Transporter ebenso ein Auto beschreiben wie es auch einen Wagen mit vorgespannten Pferden oder einen Eisenbahnwagon meinen kann.

> Ein *Attribut* ist ein Wort oder eine Wortgruppe, das/die ein Substantiv (auch: Nomen) näher bestimmt, z.B.:
>
> - das *neue* Auto,
> - das Buch *von Tom*,
> - der Mann, *der im Regen steht*.

Wie immer gibt es also verschiedene Möglichkeiten der Assoziationsbildung an dieser Stelle und wenn Sie etwas anderes als alte Kleintransporter sehen, dann ist das problemlos erklärbar.

Kommen wir nun zu der Person neben mir, die beinahe verborgen bleibt.

Ich kann sie im Augenwinkel erkennen, aber ich kann sie nicht beschreiben.

Ihre Anwesenheit erklärt sich durch das „wir" im Text, das auf mindestens eine weitere Person hinweist.

Mit Blick auf die folgenden Verse wird dieser Eindruck, dass es sich um eine weitere Person handelt (und nicht zwei oder drei), noch bestätigt werden.

Aber dazu später mehr.

Interessant ist übrigens auch, dass ich in meiner Assoziation immer noch an der Gasse stehe.

Ich ... oder nun vielmehr wir ... wir haben uns nicht von der Stelle bewegt.

Anders als in den Versen zuvor gibt es hier also keinen Zoom, um neue Details in den Blick zu nehmen.

Es ändert sich lediglich meine Blickrichtung.

Woran liegt das?

In dem vorherigen Bild gab es zwischen den Abschnitten, die ich als Textbilder erkannt habe, ein Komma.

Die Abschnitte schlossen also nahtlos aneinander an.

Hier haben wir aber den Fall, dass der neue Satz durch die Konjunktion „Und" eingeleitet wird: „Und über den Brücken [...]".

Diese Konjunktion deutet einerseits eine Fortsetzung der Aufzählung an, andererseits stellt sie aber auch einen Anschluss an die vorherige Szenerie dar.

Im Grunde könnte der Satz also lauten:

[...] eine Hundeschar
im Hohlen bellend und über den Brücken [...].

Die zuvor gedanklich aufgebaute Szenerie wird demnach nicht völlig erneuert.

Ich habe also keinen harten Schnitt oder schnellen Zoom zu einem neuen Bild hin.

Stattdessen wird die Szenerie vielmehr erweitert.

> Eine *Konjunktion* ist eine Einheit, die verschiedene Ausdrücke miteinander verbindet.
>
> Es kann zwischen Konjunktionen unterschieden werden, die nebenordnen (Marie *und* Tom) und solchen, die unterordnen (Ich lese, *weil* es Spaß macht.).
>
> Nebenordnende Konjunktionen verbinden Hauptsatz mit Hauptsatz oder Nebensatz mit Nebensatz.
>
> Unterordnende Konjunktionen leiten Nebensätze ein.

Meine Blickrichtung verschiebt sich und integriert neue Wahrnehmungen in die bisherigen.

Dies lässt sich durch „und" umso mehr belegen, als diese nebenordnende Konjunktion Satzteile gleichrangig miteinander verbindet.

Sie ordnet nicht eines dem anderen unter, sondern sie stellt beide gleichbedeutend nebeneinander.

Weiter geht es mit einer letzten Beobachtung.

Zum ersten Mal tauchen in der Stadtkulisse Anzeichen für Menschen auf.

Trotzdem ‚sehe' ich keine Menschen.

Es sind eben nur Anzeichen für Menschen.

Ich registriere etwas Menschliches – nämlich Stimmen.

Und diese Stimmen lassen mich ahnen, dass sich auf den Brücken Menschen befinden.

Deren Stimmen werden hör- bzw. in meinem Fall sogar sichtbar.

Die Position der Menschen bzw. deren Stimmen ergibt sich aus der Nähe zu den Wagen, die der Text mir suggeriert.

Und diese Nähe wiederum ergibt sich insbesondere aus dem Komma, das einen Anschluss an das vorher Beschriebene andeutet.

Die Grammatik weist also darauf hin, dass es auch heißen könnte:

Und über den Brücken wurden wir große Wagen gewahr *und über den Brücken* zitterten Stimmen, vorübergewehte.

Das Komma zeigt mir, dass sich die Beschreibung der Stimmen auf die einleitende Ortsbeschreibung bezieht – „[...] über den Brücken [...]“.

Einerseits nehmen wir über den Brücken große Wagen wahr und andererseits zittern über den Brücken Stimmen.

Dass diese Stimmen nicht deutlich zu verstehen sind, unterstreicht der Text durch die Nachstellung des Attributs „vorübergewehte“.

Es heißt nicht: Und über den Brücken zitterten vorübergewehte Stimmen.

Sondern es heißt: „Und über den Brücken [...] zitterten Stimmen, vorübergewehte.“

Die Präzisierung der Klangart der Stimmen steht ganz zuletzt.

Dadurch wird sie hervorgehoben.

Ich verbinde als letzten Eindruck mit diesem Abschnitt also nicht die Stimmen an sich, sondern vor allem deren Zustand des ‚Vorübergewehtseins‘.

Es geht nicht allein darum, dass ich Stimmen höre, sondern dass ich sie nicht deutlich höre, dass sie an mir vorbeiwehen.

Als Erklärung für diesen Zustand ziehe ich die Nähe zu den fahrenden Kleintransportern heran.

Es entsteht bei mir die Vorstellung, dass der Fahrtwind und der Autolärm die Stimmen verwehen.

Würde diese Erklärung auch bei Pferdewagen greifen?

Wahrscheinlich eher nicht, weil sich diese nicht so schnell wie Autos bewegen. Aber vielleicht würde ich das Vorüberwehen der Stimmen dann mit einem Wind in der Stadt assoziieren, der dort üblicherweise in den Straßenschluchten braust? Was meinen Sie?

Nach abschließender Betrachtung ergibt sich nun für diesen Abschnitt ein einziges Textbild – nämlich der gesamte Satz. Dieses vereint dann zwei Aspekte in sich – die Brücken und darauf die Wagen sowie die vorübergewehten, zitternden Stimmen.

Es gibt einen Blickwechsel, aber keinen kompletten Szenenwechsel.

Durch den Anschluss des neuen Satzes an den vorherigen – über das einleitende „Und" – wird die Verbindung zur bestehenden Szenerie aufgebaut.

Die bisher beschriebenen Textbilder (1 und 2) grenzen sich von dem neuen Textbild (3) durch den Punkt am Ende des ersten Satzes ab. Dieser bringt eine gewisse Ruhe in den Ablauf der Wahrnehmungen, denn er zwingt zu einer kurzen Pause beim Lesen. Dadurch haben wir für den Bruchteil einer Sekunde die Zeit, um das Beschriebene zu ordnen und den ersten, gerade entstehenden Assoziationsbildern Raum zur Entwicklung zu geben.

An diesem Beispiel sehen Sie erneut, wie stark das Vorwissen und die Textstruktur ineinander greifen, um unsere Vorstellungen zu bilden. Wenn wir uns dies immer wieder bewusst machen, können wir auch erklären, woher unsere Assoziationsbilder kommen. Und wir lernen, unsere Vorstellungen mit Textbelegen zu erläutern.

Deshalb nutzen auch Sie den gerade besprochenen Satz, um Ihre notierten Assoziationen mit der Textstruktur zu belegen und mit Ihrem Vorwissen zu erklären. Versuchen Sie herauszufinden, welche Erfahrungen und Satzteile für Ihre Vorstellungsbildung eine Rolle gespielt haben.

Notieren Sie Ihre Erkenntnisse auf der rechten Seite.

Lassen Sie uns fortfahren:

Und runde Augen sahen uns traurig an
Und große Gesichter, darüber das späte
Gelächter von hämischen Stirnen rann.

Noch immer habe ich das letzte Bild der Brücken mit den Wagen und Stimmen vor mir.

Plötzlich wird ein Paar großer, runder Augen sichtbar – sie tauchen langsam auf wie eine Einblendung.

Die Augen schauen traurig auf die Person neben mir und auf mich herab.

Wir senken unseren Blick, die Augen geraten aus dem Sichtfeld und ich nehme auf dem Bürgersteig vor uns eine Menschenmenge wahr.

Die Menschen sehen aber irgendwie anders aus.

Sie haben im Vergleich zum Körper beinahe übergroße Köpfe.

Die Körper sind auch kaum sichtbar. Irgendwie verschwinden sie unter den viel zu großen Köpfen.

Die Menschen bewegen sich als Masse wie im Gleichschritt auf uns zu.

Ihre Gesichter deuten eine bösartige Freude an – die Münder lachen nicht, aber die Gesichtszüge zeigen Merkmale von ,bösem Lachen' – die Stirn ist kraus gezogen.

Nun geschieht eine ganze Menge.

Beginnen wir wieder mit der Frage nach meinem Vorwissen.

Auf die Ausgestaltung dieser Assoziationen hat mein aktives Vorwissen nur einen begrenzten Einfluss.

Ich benötige es vor allem, um mir die auftauchenden Augen und die großen Gesichter vorstellen zu können.

Bei den Augen spielt mein Wissen über filmische Stilmittel eine Rolle, denn ich sehe sie wie in einer Einblendung auftauchen.

Die Gesichter erfordern mein Wissen zur Mimik von Menschen.

Nur so kann ich überhaupt ein Assoziationsbild entwickeln, in dem rinnendes „Gelächter von hämischen Stirnen" auftaucht.

Ich verbinde das Wort „Gelächter" mit dem Ausdruck ‚hämisch', wobei ich darunter etwas Bösartiges, eine Art Schadenfreude verstehe.

Den größeren Anteil an der Assoziationsbildung hat also dieses Mal die Textstruktur. Durch das erneut aufzählende „Und" ziehe ich eine Verbindung zu dem vorherigen Textbild. Deshalb erscheinen die Augen in meiner Vorstellung auch noch auf der Höhe der Brücke. Dort habe ich zuletzt hingesehen und akustisch etwas wahrgenommen.

Nun nehme ich zusätzlich auch noch ein Augenpaar wahr. Aber ich sehe kein Gesicht dazu!

Die Textoberfläche lässt hier übrigens eine Menge Spielraum:

Sie sehen mehr als ein Augenpaar?

Kein Problem.

Sie sehen Gesichter dazu?

Kein Problem.

Sie nehmen Menschen wahr, die aus den Wagen heraus schauen?

Kein Problem.

Die Augen befinden sich nicht auf Höhe der Brücke, sondern in Ihrer Nähe?

Kein Problem.

Alle diese und noch weitere Lesarten sind möglich. Denn im Text ist lediglich von „Augen" die Rede. Nicht von einer bestimmten Anzahl. Nicht verbunden mit oder losgelöst von Gesichtern. Und sie werden auch nicht an einem bestimmten Ort dieser Stadt festgemacht. Es ist also in Ordnung, wenn Sie die Augen bereits in einem oder mehreren Gesichtern wahrnehmen, schließlich heißt es:

„Und runde Augen sahen uns traurig an
Und große Gesichter [...]“.

Es könnte sich um Menschen handeln, die von der Brücke herab schauen oder um Menschen, die Ihnen entgegen kommen.

Auch wenn das Gedicht hier durch das zweite „Und“ eine Aufzählung andeutet, lassen sich Augen und Gesichter selbstverständlich zusammendenken.

Ich denke sie jedoch zunächst getrennt.

In meiner Vorstellung blenden sich die runden Augen ein, danach wechselt meine Blickrichtung wieder nach unten und ich sehe eine Menschenmasse auf uns zukommen.

Diese Vorstellung resultiert aus der Mehrzahl „Gesichter“.

Es kommt also mehr als ein Mensch auf uns zu.

Ob es wirklich mehr als zwei sind, wird allerdings nicht deutlich im Text – könnte also, muss aber nicht.

Die Assoziation der im Vergleich zum Körper überdimensionierten Köpfe entspringt übrigens dem Attribut „große“.

Die Gesichter werden dadurch betont und hervorgehoben.

Es sind demnach nicht einfach nur Gesichter, sondern große Gesichter.

Und diese Gesichter werden nun noch mit einer weiteren Eigenschaft versehen, denn von ihnen rinnt „das späte Gelächter hämischer Stirnen“.

Für meine Vorstellungen bedeutet das zweierlei.

Erstens: Die Mimik eines bösartigen Lachens ist zu sehen.

Zweitens: Die Gesichter lachen nicht wirklich.

Wie kann ich Ihnen das verdeutlichen?

Versuchen Sie doch einmal, ‚böse‘ zu lachen.

Ich denke, dass die meisten von Ihnen dabei die Stirn in Falten legen und die Augenbrauen zusammenziehen.

Und genau diese düstere Mimik – eine krause Stirn mit zusammengezogenen Augenbrauen – sehe ich auf den Gesichtern.

Die Mundwinkel aber sind nicht zu einem Lachen verzogen.

Das liegt zum einen an der Beschreibung „das späte Gelächter" und zum anderen an „von hämischen Stirnen rann".

Durch „späte" entsteht bei mir die Vorstellung eines beinahe schon vergangenen Gelächters.

Deshalb sind die Mundwinkel nicht zum Lachen gehoben.

Das Gelächter kann nur noch auf den Stirnen wahrgenommen werden.

Da es von den Stirnen rinnt – also von ihnen abfließt – ist es für mich ebenfalls im Vergehen begriffen.

So lassen sich „späte" und „rann" zusammendenken als Merkmale eines vergehenden, bösen Lachens.

An diesem Abschnitt des Gedichts zeigt sich übrigens erneut, wie Textbilder vereinzelt oder verbunden wahrgenommen werden können.

Schauen wir uns meine Ausführungen an, so stellen wir fest:

Es ist möglich, sowohl ein Textbild, als auch zwei Textbilder zu erkennen.

Für mich ergeben sich zwei Bilder.

Zum einen das Bild der traurigen Augen.

Zum anderen das Bild der Gesichter, der damit verbundenen Menschenmasse und der hämisch wirkenden Stirnen.

Trotzdem bleiben auch diese Bilder Teil der Szenerie, die seit dem Zoom im ersten Satz entstanden ist.

Ich habe mich bisher also nicht weiter durch die Stadt bewegt.

Lediglich mein Blickwinkel ändert sich.

Es wäre aber auch möglich, meine beiden Textbilder als ein einziges Textbild zu denken.

Es ist nicht einmal nötig, den Blick von der Brücke abzuwenden. Ganz im Gegenteil könnten sich die Augen und Gesichter in Ihrem Assoziationsbild auch auf der Brücke befinden.

Vielleicht gehören sie zu den vorübergewehten Stimmen? Wie stellen Sie sich diesen Teil des Textes vor? Woher stammen Ihre Vorstellungen? Und was löst diese aus?

Wie immer lautet Ihre Aufgabe: Erklären Sie anderen, warum Sie etwas so sehen, wie Sie es sehen!

Kommen wir zur nächsten Strophe:

Zwei kamen vorbei in gelben Mänteln,
Unsre Köpfe trugen sie vor sich fort
Mit Blute besät, und die tiefen Backen
Darüber ein letztes Rot noch verdorrt.

Dieser lange Satz löst in meiner Vorstellung eine Teilung der Menschenmasse aus, die sich vor meinem ‚unbekannten Bekannten‘ und mir aufgebaut hat.

Die Menge öffnet sich und ich nehme zwei Menschen in quietschgelben Regenmänteln wahr, die sich auf uns zubewegen.

Durch einen Zoom blicke ich ausschließlich auf die Mäntel.

Die Köpfe der beiden sehe ich nicht.

Stattdessen fällt mir auf, dass sie den Kopf meines Begleiters und meinen eigenen vor ihrer Brust tragen.

Es kommt zu einem zweiten Zoom und ich sehe die Köpfe nun direkt vor mir.

Obwohl ich den Kopf meines Begleiters jetzt genauer sehe, kann ich ihn weiterhin nicht individualisieren.

Er ist mir nicht wirklich bekannt, auch wenn er mir innerhalb des Assoziationsbildes vertraut erscheint.

Auf den Köpfen sind Blutspritzer.

Die Köpfe selbst haben noch ein Stück Hals darunter.

Es sieht aus, als wären sie abgeschlagen worden.

Deshalb ist an der Schnittstelle des Halses wesentlich mehr Blut, das nicht mehr tropft, aber frisch zu sein scheint.

Die Wangen sind eingefallen und werden langsam blass.

Hier werden nun mein Wissen über oder zumindest meine unbewussten Einstellungen zu gelben Mänteln aufgerufen. Die Assoziation von Regenmänteln ist nämlich auf die Farbe zurückzuführen. Auch wenn es nicht der Tatsache entspricht, sind für mich persönlich Regenmäntel immer gelb bzw. gelbe Mäntel irgendwie immer Regenmäntel.

Oh und übrigens wird mir durch die Signalfarbe Gelb erst jetzt bewusst, dass ich die bisherigen Assoziationsbilder kaum farbig wahrgenommen habe.

Sie sind zwar nicht ausschließlich schwarz-weiß, wirken aber doch wesentlich kühler und stark zu grau-schwarz-weiß tendierend.

Zum Beispiel leuchtet die Laterne in meinem zweiten Assoziationsbild in einem matten Gelb, das sich eher dem unscheinbaren Ton der anderen Bilder anpasst und nicht sonderlich hervor sticht.

Meine restlichen Assoziationen sind stärker von der Textoberfläche bestimmt.

Zunächst geht die Anzahl der auffällig gekleideten Menschen auf die Zahl „zwei" zurück.

Und wenn ich nun bedenke, dass es heißt „Zwei kamen vorbei [...]" und „Unsre Köpfe trugen sie [...]" – dann bestätigt das meine Vermutung vom Beginn: Bei mir in der Stadt befindet sich ein Begleiter.

Wir erleben das zu zweit.

Und nicht zu dritt oder viert, wie es das bisher genutzte „wir" durchaus hätte vermuten lassen können.

Wären wir eine Gruppe, müssten uns mehr Menschen begegnen, die Köpfe tragen.

So aber kommen nun also nur zwei Menschen „in gelben Mänteln" auf uns zu.

Nebenbei bemerkt:

Es könnte sich auch um eine Begleiterin handeln – in meiner Vorstellung ist der Begleiter halt männlich.

Aber zurück zu den beiden Gestalten.

Sowohl durch das grelle Gelb in meiner Vorstellung als auch durch das Wort „Mäntel" bin ich stark auf die Oberkörper der beiden konzentriert.

Ihre Gesichter und Beine nehme ich nur begrenzt wahr.

Dadurch wird der Fokus wie in einem Zoom auf den mantelbedeckten Bereich gelenkt.

Die anderen Teile der Menschenmasse, um die beiden herum, verschwinden aus meiner Wahrnehmung – es ist ja auch keine Rede mehr von den vorher erwähnten Gesichtern und Stirnen.

Der erste Zoom auf diese beiden Gestalten lässt sich also durch die gelbe Signalfarbe und das Wort ‚Mäntel' erklären.

Der zweite Zoom wiederum resultiert aus dem direkten Anschluss des Satzteils: „Unsre Köpfe trugen sie vor sich fort".

Durch „Köpfe", „trugen" und „vor" wird das Blickfeld noch stärker auf diesen Bereich reduziert.

Nicht mehr jeweils der ganze Mantel ist zu sehen, sondern die Köpfe in den Händen der beiden Menschen vor einem gelben Hintergrund.

Die Blutspritzer auf den Gesichtern hängen am Wortlaut: „mit Blute besät".

Die eingefallenen Wangen hängen am Textteil: „die tiefen Backen".

Das langsame Erblassen der Wangen ergibt sich aus: „darüber ein letztes Rot noch verdorrt."

Da das Rot hier als verdorrend beschrieben wird, kann das Abschlagen der Köpfe noch nicht lange her sein. Deshalb wirkt auch das Blut in meinem Assoziationsbild noch frisch.

Zusammenfassend komme ich nun zu dem Ergebnis, dass es hier ein Textbild gibt. Allerdings wird dieses durch zweimaliges Zoomen immer stärker auf die abgeschlagenen Köpfe hin konzentriert.

Beinahe ist es so, als würde das Bild immer weiter beschnitten. Vielleicht kennen Sie das aus Filmen?

Erst gibt es ein Bild, das alles erfasst. Dann wird auf einen engeren Bereich dieses Bildes gezoomt. Und dann noch einmal auf einen ganz bestimmten Punkt hin.

Oder wie sehen Sie das? Gibt es bei Ihnen auch Regenmäntel? Oder sind die Mäntel in Ihrer Assoziation andere? Ist Ihre Begleitung männlich oder weiblich? Kennen Sie Ihre Begleitung gut? Erleben Sie auch einen Zoom oder zwei? Und inwieweit ist Ihr Vorwissen hier involviert? Welche Elemente der Textoberfläche stützen Ihre Vorstellungen?

Notieren Sie Ihre Antworten hier:

Der Beginn der dritten Strophe:

Wir flohen vor Angst. Doch ein Fluß weißer Wellen
Der uns mit bleckenden Zähnen gewehrt.

Nun gibt es in meinem Assoziationsbild eine Art Standortwechsel. Der Betrachter – also ich als Leser – schaut aus der Vogelperspektive nach unten.

Ich sehe meinen Begleiter und mich selbst, wie wir auf einer Straße durch die Stadt rennen.

Nach einem Bildwechsel durch einen harten Schnitt erreichen wir den Rand der Stadt. Doch direkt am Ende dieser Straße gibt es einen reißenden Fluss, der auf seinen Strudeln kleine weiße Schaumkronen trägt.

Als wir das Ufer erreichen, spritzt das Wasser hoch und fließt noch schneller und unberechenbarer. Wir werden hier nicht heraus kommen.

Hinter uns steht düster die Stadt mit ihrer schwarzen Straßenschlucht. Am Ufer des Flusses ist es etwas heller, obwohl das Wasser selbst auch eher dunkel aussieht.

Zum Ende des Textes hin wird es noch einmal richtig spannend. Während die bisherigen Bilder aus einer Normalperspektive heraus gesehen wurden und eher statisch waren, wechselt nun der Standort des Betrachters in die Vogelperspektive. Befand ich mich bis dahin also immer am selben Ort und hob oder senkte lediglich den Kopf, beobachte ich mich nun selbst aus einer gewissen Entfernung.

Aus Sicht der bildenden Kunst können wir zwischen verschiedenen Betrachtungsperspektiven unterscheiden. Dabei wird als Ausgangspunkt immer die sogenannte *Normalperspektive* angesetzt. Aus dieser Perspektive wirken die betrachteten Objekte normal und nicht in irgendeiner Weise verzerrt.

Hocke ich mich hingegen hin und schaue nach oben, so nehme ich die *Froschperspektive* ein. Hier wirken die betrachteten Objekte größer.

Stehe ich auf einem erhöhten Punkt, zum Beispiel einer Leiter, und schaue auf ein Objekt hinunter, nehme ich die *Vogelperspektive* ein, das betrachtete Objekt wirkt kleiner.

Wichtig ist, dass mit einem Perspektivwechsel auch ein Wechsel der Augenhöhe einhergeht. Stehe ich jedoch vor einem Objekt und schaue nach oben, so ändert sich meine Betrachtungsrichtung, es ändert sich aber nicht die Perspektive zur Froschperspektive.

Ich sehe, wie ich mit meinem Begleiter aus der Stadt fliehe und zu deren Rand laufe. Mein Vorwissen über das bisher Gelesene beginnt, bestimmte Änderungen vorzunehmen.

So bleibt die Stadt im Hintergrund düster, während es an deren Rand heller und freundlicher wirkt.

Möglicherweise versteht mein Verstand die Fluchtrichtung (raus aus der Stadt) als den Versuch, zu einem besseren Ort zu gelangen. Und die Erfahrung sagt mir, dass bessere Orte immer auch heller und freundlicher wirken.

Die Textoberfläche aber gibt dazu keinen Hinweis. Denn bedenken wir, dass zu Beginn eine abendliche Stimmung vorherrschte, so könnte es nun ebenso düster sein am Fluss.

Das Reißende und Unberechenbare des Flusses lässt sich von den „bleckenden Zähnen" ableiten, die uns „gewehrt" also abgewehrt haben.

Die Lage des Flusses, so wie ich sie wahrnehme, muss allerdings nicht unbedingt in dieser Form vorgestellt werden.

Ebenso gut könnte der Fluss durch die Stadt fließen, was aufgrund der weiter vorn beschriebenen „Brücken" durchaus denkbar ist.

Der Zoom in die Vogelperspektive ergibt sich für mich aus dem ersten Satz: „Wir flohen vor Angst."

Hier wird die Handlung eindeutig benannt, nämlich ‚fliehen'. Es ist klar, dass damit ‚weglaufen' gemeint ist.

Was allerdings nicht beschrieben wird, ist das sogenannte ‚Drumherum'.

Solange ich mich als Teil der Normalperspektive wahrgenommen habe, wurde für mich im Text erläutert, was von einem bestimmten Punkt aus alles gesehen wird.

Durch die ständigen Aufzählungen entstand die Assoziation eines festen Standpunktes, von dem aus alles betrachtet wird.

Nun kommt aber durch das Verb „flohen" Bewegung in das Geschehen.

Es müssten verschiedene Beschreibungen folgen, die die Eindrücke der Flucht festhalten.

Da dies nicht geschieht, vermute ich, dass es nun nicht mehr um die Stadt und deren Beschreibung geht, sondern es geht um die Flucht selbst.

Die Konzentration liegt also auf der Handlung.

Diese Erkenntnis lässt sich auch dadurch untermauern, dass der Satz – „Wir flohen vor Angst." – als ein eigenständiger Satz steht.

Die sich anschließende Unterbrechung der Flucht durch den Fluss wird also nicht mit einem Komma angeschlossen – sie steht damit abgegrenzt vom Vorherigen.

Auch ist in diesem Zusammenhang zu bedenken, dass durch den Satzbeginn „Doch" ein Anschluss mit Komma möglich gewesen wäre – aber nicht umgesetzt wurde.

Hier wird also durch den Punkt ein inhaltlicher Schwer‚punkt‘ gesetzt, der das Geschehen für sich stehen lässt und eine kurze Pause, ein Innehalten fordert.

Die Einleitung „Doch" des Folgesatzes bringt dann den Anschluss zum Geschehen, das allerdings ein jähes Ende findet – die Flucht funktioniert nicht reibungslos, denn „Doch" suggeriert ein Missglücken des Vorhabens im Sinne von ‚aber es klappte nicht‘.

Im Grunde: Wir flohen vor Angst, aber wir schafften es nicht, weil uns ein reißender Fluss aufhielt.

Aber ich schweife ab.

Zurück zur Vogelperspektive, die sich, wie beschrieben, für mich aus dem Umstand ergibt, dass der Fokus auf der Flucht liegt.

Bliebe ich mit meiner Sicht in der Normalperspektive verhaftet, würde meine Konzentration auf den Stadtstrukturen liegen, die um mich herum sind.

Mein Verstand müsste also jede Menge zusätzliche Elemente erfinden, um die Fluchtsituation zu gestalten.

Mit Hilfe des Zooms aus der Normalperspektive heraus kann ich aber in die Vogelperspektive wechseln, die weniger Detailgenauigkeit erfordert.

Der Fokus liegt dann auf zwei fliehenden Gestalten, die sich in einer dunklen Stadt auf einer düsteren Straße in Richtung Stadtrand bewegen.

Zum anschließenden Bildwechsel durch einen harten Schnitt kommt es, weil der zweite Teil der Szenerie in einem eigenen Satz beschrieben wird.

Für mich ist der Fluss bisher nicht Teil der Stadt gewesen, weshalb ich ihn in meiner Assoziation an den Rand verlagere – zumal er auch für mich erst im Verlauf der Flucht auftaucht und nicht an deren Anfang.

Es finden sich hier meiner Meinung nach zwei Textbilder. Beide sind jeweils auf einen Satz beschränkt.

Textbild eins umfasst meine Vorstellungen von der Flucht.

Textbild zwei beschreibt das Erreichen des Flusses und dessen ‚Verhalten‘.

Zwischen den beiden Bildern gibt es einen harten Schnitt. Trotzdem gehören sie für mich zusammen zu einer Szenerie, die sich allerdings von der vorherigen abhebt.

Der Zoom in die Vogelperspektive und die Veränderung der Figurentätigkeit von ‚betrachten‘ zu ‚fliehen‘ entwickelt eine neue Dynamik.

Können Sie diesen Überlegungen folgen? Welche Perspektive nehmen Sie ein? Gibt es bei Ihnen einen Perspektivwechsel? Sehen Sie eine ganze Fluchtszene oder vielleicht nur deren Ende oder Anfang? Gibt es Veränderungen in Ihrer Wahrnehmung der Umgebung oder der Stadt? Wo verorten Sie den Fluss?

Und natürlich: Was im Text löst diese Assoziationen bei Ihnen aus?

Notieren Sie gegenüber.

Kommen wir zum Schluss des Gedichts:

Und hinter uns feurige Abendsonne
Tote Straßen jagte mit grausamem Schwert.

In meinem letzten Assoziationsbild verbleibe ich in der Vogelperspektive.

Aber ich verändere die Position. Der Standort ist nun über dem reißenden Fluss.

Ich sehe meinen Begleiter und mich am Ufer stehen und sich umdrehen.

Die zuvor dunkle Straßenschlucht wird von einem Feuerstrahl erhellt.

Ich sehe die Sonne dunkelrot und tiefstehend auf Höhe der Stadt.

Der Feuerstrahl geht von ihr aus und jagt durch die Straße.

Außer uns beiden gibt es keine Menschen zu sehen.

Das Abschlussbild schließt an das vorherige Geschehen an. Dies wird erneut durch „Und" angedeutet. Deshalb ändert sich der Standort meiner Perspektive auch nur ein wenig, um den Blick auf die Stadt und die Sonne freizugeben.

Die Gefahrensituation durch den Fluss verliere ich dabei nicht aus den Augen.

Die zuvor erwähnte Helligkeit am Rand der Stadt könnte nun rückblickend auch aus dem Feuerstrahl resultieren, der mit „feurige" und mit „grausamem Schwert" gleichzusetzen ist.

Dass keine weiteren Menschen zu sehen sind, leite ich aus „tote Straßen" im Sinne von ‚leere Straßen' ab. Ebenso kann diese Leere aber auch Folge der Jagd der Abendsonne sein, die mit ihrem Schwert alles Leben zerstört hat.

Mein Vorwissen spielt für die Ausarbeitung des Assoziationsbildes, das hier auf einem einzigen Textbild beruht, keine große Rolle – jedenfalls nicht in dem Maße, dass es erwähnenswert ist.

Und bei Ihnen? Wie haben Sie das ‚Finale' dieses Gedichts gesehen?

Was für ein Abenteuer!

Lassen Sie uns erst einmal durchatmen.

Was hat die innere Visualisierung nun eigentlich gebracht?

In meinem Fall sähe eine Zusammenfassung zu Textbildern (TB) und Übergängen (*kursiv*) für „Die Städte" folgendermaßen aus:

TB1

„Der dunkelnden Städte holprige Straßen / Im Abend geduckt,"

schneller Zoom

TB2

„eine Hundeschar / Im Hohlen bellend."

Blickrichtungswechsel hoch

TB3

„Und über den Brücken / Wurden wir große Wagen gewahr, / Zitterten Stimmen, vorübergewehte."

Einblendung

TB4

„Und runde Augen sahen uns traurig an"

Blickrichtungswechsel runter

TB5

„Und große Gesichter, darüber das späte / Gelächter von hämischen Stirnen rann."

Zoom

TB6

„Zwei kamen vorbei in gelben Mänteln,"

Zoom

„Unsre Köpfe trugen sie vor sich fort / Mit Blute besät, und die tiefen Backen / Darüber ein letztes Rot noch verdorrt."

Perspektivwechsel Vogelperspektive

TB7

„Wir flohen vor Angst."

harter Schnitt

TB8
„Doch ein Fluß weißer Wellen / Der uns mit bleckenden Zähnen gewehrt."
Positionswechsel der Vogelperspektive

TB9
„Und hinter uns feurige Abendsonne / Tote Straßen jagte mit grausamem Schwert."

Wir haben durch diese erste Annäherung an den Text mehrere Etappen gemeistert.

Zunächst einmal ist es uns gelungen, die Textbilder von den Assoziationsbildern zu unterscheiden. Dabei hat sich gezeigt, dass Assoziationsbilder viel umfangreicher sind und wesentlich mehr ‚zeigen‘, als in den Textbildern tatsächlich aufgeschrieben steht.

Durch die Entwicklung einer inneren Vorstellung von dem, was da im Gedicht beschrieben wird, können wir uns den Inhalt des Textes als eine Art Geschehen vor Augen führen.

Das ist so, als würden wir einen Film oder ein Theaterstück sehen. Es ist dadurch möglich, eine Art Inhaltsangabe zu verfassen. Damit haben wir zwar unsere jeweilige subjektive Textwahrheit noch nicht gefunden, wir sind ihr aber ein Stück näher gekommen, indem wir uns dem Text als Bildmaterial angenähert und aus seinem Inhalt einen Geschehensablauf gemacht haben.

Ganz nebenbei haben wir das Gedicht gleich auch noch in verschiedene Textbilder unterteilt. Im Grunde können wir hier von einer ersten Textanalyse sprechen, die Ihnen hoffentlich etwas mehr Spaß gemacht hat, als die Analysen Ihrer Schulzeit.

Obwohl Sie vordergründig mit der Visualisierung beschäftigt waren, nahmen Sie eine Strukturierung des Textes vor und einen Abgleich zwischen Text- und Assoziationsbild. Deshalb können Sie jetzt möglicherweise benennen, wo Sie mehr sehen, als im Text steht, und was Sie mehr sehen.

Ein weiterer Schritt auf dem Weg der Textanalyse war die Frage nach der Herkunft Ihrer Assoziationen. Auch damit ist es Ihnen gelungen, dem Gedicht ein paar Antworten zu entlocken.

Die Textstruktur wurde für uns zu einer Art Assoziationsauslöser. Jedes Wort, ja sogar jedes Satzzeichen kann dadurch als Beleg für unsere Assoziationen genutzt werden, um die Entwicklung unserer Vorstellungen zu erklären.

Und abschließend noch festgehalten: Sie haben auch begonnen, Ihre Gedankenwege zu reflektieren.

Dazu war die Frage nach dem Vorwissen wichtig. Sie können jetzt nicht nur erklären, was Sie sehen und was dieses Sehen ausgelöst hat, sondern es ist Ihnen auch möglich, zu erklären, weshalb Sie das, was Sie sehen, in dieser Form sehen – weil Ihre Vorstellungen von Ihrem Wissen und Ihren Erfahrungen geprägt werden.

Kurz gesagt:

Wir haben gelernt, dass Vorwissen und Erfahrungen unsere Vorstellungen ebenso beeinflussen wie die Textstruktur.

Wir haben den Text in Assoziationsbilder umgewandelt, um so seinen Inhalt leichter erfassen zu können.

Wir haben den Text in Textbilder unterteilt, um bestimmte Geschehensabschnitte voneinander unterscheiden zu können.

Wir haben eine erste Untersuchung der Struktur vorgenommen.

Trotzdem scheinen wir der Entwicklung eines weitreichenden Gedichtverstehens noch nicht nah genug zu sein.

Wir können zwar in etwa sagen, worum es inhaltlich geht, aber dem sogenannten ‚Dahinter‘, dem Etwas hinter den Worten, sind wir noch nicht nah genug gekommen. Deshalb wollen wir unsere Vorstellungen vertiefen, indem wir weitere Aspekte unserer Wahrnehmung in die Assoziationsbilder integrieren.

Dazu nehmen wir uns als nächstes unser ‚inneres Ohr‘ vor – wir wollen *Verstehen durch Hören* kennenlernen.

Verstehen durch Hören

Haben Sie schon einmal darauf geachtet, was Sie beim Lesen hören?

Nein?

Also ich habe, ehrlich gesagt, auch lange Zeit keinen besonderen Wert auf das Hören beim Lesen gelegt. Ich bildete mir sogar ein, dass es dabei nichts zu hören gäbe. Schließlich wird nicht umsonst von sehr vielen Menschen gerade die Stille geschätzt, wenn sie sich einem Buch widmen.

Musik, laute Geräusche oder anstrengendes Geplapper scheinen in diesem Zusammenhang eine unwillkommene Ablenkung zu sein.

Trotzdem fiel mir irgendwann auf, dass ich beim Lesen sehr wohl etwas hören kann – nämlich Stimmen. Entweder ist es meine eigene Stimme oder es ist eine imaginierte, der Erzählerin oder dem Erzähler, dem lyrischen Ich oder den auftauchenden Figuren angemessene Stimme. Eine Stimme also, wie ich sie mir für die jeweils ‚sprechende‘ Instanz vorstelle.

Womit wir wieder bei dem Begriff der Vorstellung wären.

Denn offenbar können wir nicht nur das Gelesene ‚sehen‘, sondern wir können es auch ‚hören‘. Es gibt also nicht nur ein sogenanntes ‚inneres Auge‘, es gibt auch ein ‚inneres Ohr‘. Und wie bei der visuellen Vorstellung, so wird auch die akustische Assoziation von unserem Vorwissen und den Erfahrungen im Leben geprägt.

Wir hören in unserer Phantasie keine unbekannten Töne, sondern nur das, was wir irgendwo schon einmal wahrgenommen haben oder was sich von bereits Gehörtem ableiten lässt.

> Wussten Sie übrigens, dass sehr viele Menschen beim Lesen ihre Zunge bewegen, so als würden sie die gelesenen Wörter tatsächlich mitsprechen? Beobachten Sie sich doch einmal selbst, was fällt Ihnen über Ihre Art des Lesens auf?

> Eine ehemalige Studentin von mir, Anke Küpper, hat sich in ihrer Bachelorarbeit mit den akustischen Elementen im Roman „Schlafes Bruder" auseinandergesetzt. Sie entwickelte spannende Ideen zu deren Rolle im Vorstellungsprozess.
>
> An dieser Stelle meinen Dank für die Inspiration.

Wenn Sie zum Beispiel das Geräusch einer Kettensäge kennen, dann können Sie sich unter der folgenden Beschreibung durchaus etwas vorstellen:

Es klang wie der schrille Schrei einer quietschenden Kettensäge.

Begegnet Ihnen ein solcher Satz, dann kombinieren Sie möglicherweise mehrere akustische Elemente:

das Brummen oder Rattern einer laufenden Kettensäge,
ein schrill quietschendes Geräusch
und die momenthafte Lautstärke eines schrillen, hohen Schreis.

Schon haben Sie das entstehende Assoziationsbild akustisch gefüllt.

Ich hoffe, dass Sie mir nach dieser kurzen einleitenden Bemerkung zustimmen werden: Eine genauere Untersuchung der Akustik im Gedicht von Heym könnte lohnenswert sein.

Nehmen Sie also einfach Ihre bisherigen Notizen zur Hand. Und rufen wir uns das Gedicht noch einmal in Erinnerung.

In der folgenden, abgedruckten Version habe ich einige Wörter kursiv hervorgehoben. Es geht dabei um solche Wörter, die in meinen Augen auf den ersten Blick, oder in meinen Ohren auf das erste Hören hin, eine Akustik erahnen lassen:

Die Städte (1912)

Der dunkelnden Städte holprige Straßen
Im Abend geduckt, eine *Hundeschar*
Im Hohlen *bellend*. Und über den Brücken
Wurden wir große *Wagen* gewahr,

Zitterten *Stimmen, vorübergewehte*.
Und runde Augen sahen uns traurig an
Und große Gesichter, darüber das späte
Gelächter von hämischen Stirnen rann.

Zwei kamen vorbei in gelben Mänteln,
Unsre Köpfe trugen sie vor sich fort
Mit Blute besät, und die tiefen Backen
Darüber ein letztes Rot noch verdorrt.

Wir flohen vor Angst. Doch ein *Fluß* weißer Wellen
Der uns mit bleckenden Zähnen gewehrt.
Und hinter uns feurige Abendsonne
Tote Straßen jagte mit grausamem Schwert.

Zunächst einmal finde ich sechs Gedichtteile, die mit einem Geräusch zusammenhängen: Hundeschar bellend, Wagen, Stimmen, vorübergewehte, Gelächter, Fluß.

Das durch diese Wörter oder Wortgruppen Bezeichnete (deren Inhalt) ist grundsätzlich hörbar. Aber höre ich es auch in meinen Assoziationsbildern? Höre ich dort überhaupt etwas?

Um diesen Fragen nachzugehen, rufe ich mir das erste und zweite Textbild (TB) mit dem dazugehörigen Assoziationsbild (AB) ins Gedächtnis:

TB1
„Der dunkelnden Städte holprige Straßen / Im Abend geduckt,"

TB2
„eine Hundeschar / Im Hohlen bellend."

AB1
Ich stehe auf einer breiten Landstraße, die aus festem Sand besteht, ähnlich einem Feldweg, und blicke auf die Silhouette einer leicht futuristisch wirkenden Großstadt, die dem Film „Metropolis" entsprungen sein könnte. Es ist früher Abend, die Sonne geht langsam unter. Die Straße führt über sanfte Hügel zur Stadt hin. Dann gibt es einen Bruch in meiner Vorstellung. Es kommt zu einem schnellen Zoom in die Stadt hinein bis zu einer dunklen Gasse, die von einer Hauptstraße abgeht. Das Licht einer Laterne fällt ein Stück in die Gasse und beleuchtet die Wand eines Hauses. Darauf bewegen sich die Schatten bellender Hunde. Ansonsten ist die Stadt bisher leer.

Ich bin mir nicht sicher, ob ich zuvor schon etwas gehört habe, aber wenn ich mich jetzt auf die Akustik konzentriere, dann höre ich die Hunde bellen. Es ist ein aufgeregtes Bellen, das in der Gasse widerhallt und dadurch noch lauter wirkt.

Die Hunde sind groß – das deuten nun auch die Schatten an der Wand an.

Ich habe zwar schon zuvor große Hunde vermutet, aber irgendwie setzte ich dieses Detail voraus, ohne es bei der Beschreibung meines Assoziationsbildes erwähnen zu müssen.

Sie sehen also: Hier war ich ungenau. Gut, dass die Untersuchung der Akustik mich dazu zwingt, stärker ins Detail zu gehen.

Aber lassen Sie uns doch gleich noch mein Einstiegsbild genauer untersuchen.

Höre ich etwas auf der Landstraße vor der Stadt?

Nein.

Nichts.

Oder ... vielleicht doch so ein ganz leises Brausen des Windes. Aber mehr auch nicht.

Keine Tiere – keine Vögel, keine Grillen, nur ein leiser Wind.

Möglicherweise hängt dies mit dem Wort „geduckt" zusammen. Damit verbinde ich keinen Lärm, sondern eher Stille. Die geduckten Straßen wollen unauffällig bleiben.

Also nur ein leichter Wind.

Und dann plötzlich der Zoom in die Stadt zu den laut bellenden Hunden.

Die Akustik schlägt hier gnadenlos zu. Beinahe erschrecke ich mich vor der keifenden Meute!

Wie ist das bei Ihnen mit der Akustik? Was hören Sie beim Lesen des ersten Satzes? Und noch nebenbei gefragt: Löst bei Ihnen „holprige Straßen" eine akustische Assoziation aus?

Notieren Sie gegenüber!

Ob ich wohl im nächsten Assoziationsbild auch etwas hören kann?

TB3

„Und über den Brücken / Wurden wir große Wagen gewahr, / Zitterten Stimmen, vorübergewehte."

AB2

Mein Blick geht von der Wand mit den Schatten der Hunde darauf schräg nach links oben. Dort befinden sich in unterschiedlicher Höhe Brücken zwischen hohen Häusern. Sie verlaufen quer zur Hauptstraße, an der ich noch immer stehe. Die Brücken sind recht hoch. Neben mir steht jemand. Ich nehme die Person nur aus dem Augenwinkel wahr und kann sie nicht beschreiben. Sie richtet wie ich den Blick nach oben. Ich kann auf der Brücke, die am nahesten ist, Autos erkennen – sie sehen wie kleine, alte Transporter aus. Gleichzeitig höre und sehe ich Stimmen. Sie liegen über der Brücke und machen sich durch eine Art Zittern der Luft bemerkbar, das durch den Fahrtwind der Wagen hervorgerufen wird. Dieser Fahrtwind ist es auch, der die Stimmen verweht. Dadurch sind diese nicht deutlich zu vernehmen, ich kann also keine Sätze oder Wörter verstehen. Sie sind lediglich als Stimmengewirr identifizierbar.

Da haben wir es doch!

In meinem Assoziationsbild heißt es: „Gleichzeitig höre und sehe ich Stimmen."

Offensichtlich sind die Stimmen bereits beim ersten Versuch, das Beschriebene bildlich werden zu lassen, auch akustisch aufgetaucht.

Ich nehme also das Zittern der Stimmen nicht nur visuell wahr, sondern ich höre auch eine Art Stimmengewirr.

Und die Wagen?

Die höre ich jetzt auch.

Ich rufe mir mein Assoziationsbild vor Augen.

Ich habe den Blick auf die Wand mit den Hunden gerichtet.

Deren Bellen verschwindet jedoch zunehmend aus meinem Ohr, denn mich lenkt das Geräusch von entfernt über mir fahrenden Kleintransportern ab.

Deswegen richten sich mein Blick und der Blick meines Begleiters nach oben.

Die Wagen rücken demnach nicht von ungefähr in unseren Fokus, sondern es ist eine Akustik, die hier für Veränderungen sorgt, ohne dass sie im Text ausdrücklich benannt wird.

Vielmehr geht sie mit dem Wort „Wagen" in Verbindung mit „Wurden [...] gewahr" bereits einher.

Dabei ist es übrigens egal, ob Sie wie ich Kleintransporter, Autos oder Wagen mit Pferden sehen, ob diese Gefährte alt oder aus unserer Zeit sind – sie alle implizieren eine Akustik, sie alle machen also Lärm.

Ebenso ist es mit „vorübergewehte".

Sie können sich darunter einen Windzug vorstellen.

Oder Sie setzen das Wort so wie ich in Verbindung zum Fahrtwind der Wagen.

Wie immer Sie es sehen und hören, das Wort sagt etwas über die Stimmen aus.

Es hilft uns zu erkennen, dass diese Stimmen nicht einzelnen Menschen zuzuordnen sind, dass sie wahrscheinlich nicht einmal klar zu verstehen sind.

Sondern sie sind vorübergeweht.

Sie wehen an mir vorbei, bleiben nicht hängen (auch nicht im Ohr).

Und vielleicht macht sich sogar das Zittern in diesem Vorüberwehen akustisch bemerkbar, indem es die Stimmen ein wenig lauter und leiser werden lässt, so als wären sie zerstückelt – und damit ließe sich auch die Wahrnehmung eines Stimmengewirrs erneut belegen.

Sie merken hoffentlich, was gerade mit meinen Assoziationsbildern geschieht – sie verdichten sich.

Sie rücken zusammen.

Sie werden konkreter.

Es zeigt sich, dass eine zunehmende Präzisierung von Assoziationsbildern in unterschiedlichen Formen geschehen kann.

Über einen Blickrichtungswechsel.

Oder über einen Zoom.

Oder eben auch über die Akustik.

Letztere verbindet hier aufeinander folgende Assoziationen miteinander.

So entwickelt sich langsam ein kleiner Film, der in seiner Darstellung durch die Geräusche immer deutlicher und präziser (oder auch klarer) wird.

Überprüfen Sie diese Erfahrung an Ihren eigenen Text- und Assoziationsbildern!

Vielleicht geht es Ihnen ähnlich?

Ich werde währenddessen eine kleine Pause einlegen, um Ihnen Zeit zu geben.

Und wenn Sie fertig sind, dann malen Sie doch mal etwas.

Einfach so.

Haben Sie etwas gemalt?

Also in meinem Buchexemplar findet sich nun eine kleine Kritzelei.

Sie sollten sich zwischendurch übrigens immer etwas Entspannung von der Textarbeit gönnen.

Denn man ‚verdenkt' oder ‚zerdenkt' sich sonst recht schnell.

Doch nun zurück zu unserer Untersuchung des nächsten Assoziationsbildes (AB) bzw. der nächsten Textbilder (TB):

TB4:
„Und runde Augen sahen uns traurig an"

TB5:
„Und große Gesichter, darüber das späte / Gelächter von hämischen Stirnen rann."

AB3:
Noch immer habe ich das letzte Bild der Brücken mit den Wagen und Stimmen vor mir. Plötzlich wird ein Paar großer, runder Augen sichtbar – sie tauchen langsam auf wie eine Einblendung. Die Augen schauen traurig auf die Person neben mir und auf mich herab. Wir senken unseren Blick, die Augen geraten aus dem Sichtfeld und ich nehme auf dem Bürgersteig vor uns eine Menschen- menge wahr. Die Menschen sehen aber irgendwie anders aus. Sie haben im Vergleich zum Körper beinahe übergroße Köpfe. Die Körper sind auch kaum sichtbar. Irgendwie verschwinden sie unter den viel zu großen Köpfen. Die Menschen bewegen sich als Masse wie im Gleichschritt auf uns zu. Ihre Gesich- ter deuten eine bösartige Freude an – die Münder lachen nicht, aber die Ge- sichtszüge zeigen die Merkmale von ‚bösem Lachen' – die Stirn ist kraus gezogen.

Wenn ich mich konzentriere, dann höre ich noch immer die Akustik des vor- hergehenden Assoziationsbildes – also die Wagen und die Stimmen.

Die Einblendung der Augen ändert daran nichts.

Es entsteht dadurch auch kein neues Geräusch.

Folge ich nun der Blickrichtung nach unten, so wird die Geräuschkulisse leiser, bis sie schließlich völlig verstummt.

Es treten keine neuen Klänge hinzu.

Die Menschenmenge, die sich da vor uns gebildet hat, bleibt lautlos.

Offenbar bin ich stärker mit dem Sehen als mit dem Hören beschäftigt.

Vielleicht ist es aber auch eine Frage der Atmosphäre, die ich mit dieser seltsamen Stadt verbinde?

Kann es sein, dass es hier generell leiser oder ‚unwirklicher‘ ist, als in einer ‚normalen‘ Stadt?

Diese Fragen behalte ich im Hinterkopf, während wir uns erst einmal noch den Rest des Assoziationsbildes anschauen.

Denn mit dem Wort „Gelächter“ taucht kurz ein Lachen in meinem Kopf auf, das sich aber sofort wieder verflüchtigt.

Das beschriebene Gelächter ist nicht wirklich hörbar.

Ich habe weiter oben schon darauf aufmerksam gemacht, dass ich es für vergangen halte.

Nur die Überreste der ‚Lachmimik‘ sind noch zu sehen.

Das heißt also, wenn ich „Gelächter“ zum ersten Mal oder für sich stehend lese, dann ruft mein Allgemeinwissen sofort das zum Wort gehörende Bild und Geräusch auf.

Doch der hörbare Teil ‚verstummt‘.

Mein mittlerweile erarbeitetes Textverständnis und der nachfolgende Zusatz „von hämischen Stirnen rann“ erinnern mich, dass dieses Gelächter nicht mehr zu hören ist … höchstens als ein Echo – aber nicht in meiner Vorstellung.

Den sichtbaren, mimischen Teil hingegen nehme ich noch wahr.

Auch wenn dieser im Vergehen begriffen ist.

Je öfter ich den Text nun lese und je klarer meine Vorstellungen von dem Beschriebenen werden, umso seltener nehme ich das Gelächter noch wahr.

Mein neu gewonnenes Wissen um die Textentwicklung greift also in den Lese-prozess ein und nimmt bereits gedanklich das schon mehrmals Gelesene vorweg.

So.

Jetzt haben wir wieder ein paar Besonderheiten und unausgesprochene Selbst-verständlichkeiten aufgedeckt.

Durch die Beobachtung, dass manche Geräusche in dieser imaginierten Stadt anders klingen oder gar nicht vorhanden sind, werden mein Ohr und mein Blick für die gesamte Atmosphäre geschärft.

Darauf kommen wir später noch zurück.

Gleichzeitig lernen wir wieder etwas über unsere Art zu lesen und zu denken.

Vielen von Ihnen wird es vielleicht schon bewusst sein, aber es kann nie scha-den, sich dies noch einmal ins Gedächtnis zu rufen:

Wenn wir einen Begriff wie „Gelächter" lesen, dann verbinden wir damit auto-matisch unser Wissen über Gelächter.

Wir können gar nicht anders handeln.

Ebenso ist es Ihnen nicht möglich, nicht an einen Elefanten zu denken, wenn ich sage: „Denken Sie nicht an einen Elefanten."

Sie werden es tun. ... Und sehr wahrscheinlich haben Sie es gerade getan.

Interessant ist aber, dass unser Gehirn nach mehrmaligem Lesen eines Textes bestimmte Speicherungen vornimmt und dadurch in einen Modus des Voraus-denkens wechselt.

Sie kennen den Text, Sie wissen, wie er sich entwickelt, Sie werden nicht mehr automatisch von einem aufscheinenden Begriff beeinflusst, sondern verbinden diesen mit dem im Gedicht Nachfolgenden.

Und das bevor Sie dieses Nachfolgende im jeweiligen Leseakt überhaupt aktiv aufgenommen haben.

Deswegen höre ich kein Gelächter mehr, wenn ich den Text mehrmals gelesen habe, denn ich weiß, dass hier nicht gelacht wird.

Hm ... dieser letzte Satz erinnert mich an meine Schulzeit ... da wurde während der Textarbeit auch nicht gelacht.

Aber kommen wir zurück zu Ihren Leseeindrücken.

Was hören Sie in dem gerade besprochenen Textabschnitt?

Und halten Sie doch bitte auch Ihre Eindrücke zu der Gesamtatmosphäre hier unten fest:

TB6:

„Zwei kamen vorbei in gelben Mänteln, / Unsre Köpfe trugen sie vor sich fort / Mit Blute besät, und die tiefen Backen / Darüber ein letztes Rot noch verdorrt."

AB4:

Dieser lange Satz löst in meiner Vorstellung eine Teilung der Menschenmasse aus, die sich vor meinem ‚unbekannten Bekannten' und mir aufgebaut hat. Die Menge öffnet sich und ich nehme zwei Menschen in quietschgelben Regenmänteln wahr, die sich auf uns zubewegen. Durch einen Zoom blicke ich ausschließlich auf die Mäntel. Die Köpfe der beiden sehe ich nicht. Stattdessen fällt mir auf, dass sie den Kopf meines Begleiters und meinen eigenen vor ihrer Brust tragen. Es kommt zu einem zweiten Zoom und ich sehe die Köpfe nun direkt vor mir. Auf den Köpfen sind Blutspritzer. Die Köpfe selbst haben noch ein Stück Hals darunter. Es sieht aus, als wären sie abgeschlagen worden. Deshalb ist an der Schnittstelle des Halses wesentlich mehr Blut, das nicht mehr tropft, aber frisch zu sein scheint. Die Wangen sind eingefallen und werden langsam blass.

Also um ehrlich zu sein, höre ich hier überhaupt nichts. In diesem Assoziationsbild gibt es für mich keine akustischen Merkmale.

Geht es Ihnen auch so?

Falls ja, lassen Sie uns zum nächsten Textbild wechseln.

Falls nicht, nehmen Sie sich bitte die Zeit und notieren Sie Ihre Eindrücke.

Achten auch Sie vor allem drauf, ob durch die wahrgenommene Akustik Ihr Blick bzw. ihr Verständnis des Assoziationsbildes geschärft wird. Sehen Sie plötzlich etwas anders als vorher? Gibt es Details, die in anderer Form hervortreten oder nun klarer zu verstehen sind? – Schreiben Sie es auf:

TB7:

„Wir flohen vor Angst."

AB5:

Nun gibt es in meinem Assoziationsbild eine Art Standortwechsel. Der Betrachter – also ich als Leser – schaut aus der Vogelperspektive nach unten. Ich sehe meinen Begleiter und mich selbst, wie wir auf einer Straße durch die Stadt rennen.

Nun wird es schwierig.

Zuallererst höre ich nämlich den Ruf eines Wildvogels.

Das liegt allerdings weniger am Text- oder Assoziationsbild selbst, als vielmehr an meiner Vorstellung von einer Vogelperspektive.

Deswegen ist dieser Klang wohl zu ignorieren.

Er trägt auch nicht zum Verständnis des Gedichts bei.

Er deutet lediglich an, dass ich mir unter dem Begriff der Vogelperspektive vorstelle, auf dem Rücken eines Falken zu sitzen.

Konzentrieren wir uns also lieber darauf, dass ich den Hall der Schritte wahrnehme, den mein Begleiter und ich auf unserer Flucht erzeugen.

Das ist seltsam, denn die Stadt scheint nicht unbewohnt und daher ist ein solches Echo eigentlich nicht zu erwarten.

Wir haben hier schon einige Geräusche ‚vernommen', die nicht untypisch für das Stadtleben sind.

Trotzdem sind meine Wahrnehmungen der Menschen und Dinge irgendwie von einer Leere geprägt.

Es ist, als würden dort gar keine richtigen Menschen leben.

Alles in dieser Stadt wirkt auf mich hohl und leer.

Deshalb hallen unsere Schritte nach.

Hm.

Da hat sich doch tatsächlich ein neuer Gedanke ergeben, den ich erst einmal genauer notieren muss.

Die Akustik gibt mir nämlich über den Klang einen weiteren Verständnishinweis.

Die Stadt klingt für mich hohl und leer.

Und dadurch wirkt sie auch hohl und leer.

Das wird im nächsten Kapitel wohl noch eine Rolle spielen müssen, wenn es um das Verstehen durch Fühlen geht.

Auf jeden Fall lerne ich daraus, mich in Zukunft nicht mehr nur zu fragen, was ich sehe, sondern viel stärker auch einzubeziehen, was ich höre!

Ich bin gespannt, welche Auswirkungen diese kleine Erkenntnis, dass hier alles hohl und leer scheint, später noch haben wird.

Aber nun sind Sie dran: Was hören Sie in diesem Abschnitt?

Aufschreiben!

TB8:

„Doch ein Fluß weißer Wellen / Der uns mit bleckenden Zähnen gewehrt.“

AB6:

Wir erreichen den Rand der Stadt. Doch direkt am Ende dieser Straße gibt es einen reißenden Fluss, der auf seinen Strudeln kleine weiße Schaumkronen trägt. Als wir das Ufer erreichen, spritzt das Wasser hoch und fließt noch schneller und unberechenbarer. Wir werden hier nicht raus kommen. Hinter uns steht düster die Stadt mit ihrer schwarzen Straßenschlucht. Am Ufer des Flusses ist es etwas heller, obwohl das Wasser selbst auch eher dunkel aussieht.

Wieder ändert sich etwas in der Geräuschkulisse.

Der Nachhall unserer Schritte wird zunehmend übertönt von dem Rauschen des Flusses. Mit Erreichen des Ufers wird das Rauschen lauter, bis es zu einem strudelnden Brausen anschwillt.

Ich höre das aufpeitschende Wasser und beinahe klingt der Fluss wie ein knurrender Hund, was sehr wahrscheinlich an der Beschreibung „mit bleckenden Zähnen“ liegt

Je mehr ich mich darauf konzentriere, umso einnehmender werden die Klänge hier.

Beinahe ‚überfluten‘ sie alles. Der reißende Fluss rückt also verstärkt in den Mittelpunkt meiner Vorstellung. Geht es Ihnen da ähnlich?

TB9:

„Und hinter uns feurige Abendsonne / Tote Straßen jagte mit grausamem Schwert."

AB7:

In meinem letzten Assoziationsbild verbleibe ich in der Vogelperspektive. Aber ich verändere die Position. Der Standort ist nun über dem reißenden Fluss. Ich sehe meinen Begleiter und mich am Ufer stehen und sich umdrehen. Die zuvor dunkle Straßenschlucht wird von einem Feuerstrahl erhellt. Ich sehe die Sonne dunkelrot und tiefstehend auf Höhe der Stadt. Der Feuerstrahl geht von ihr aus und jagt durch die Straße. Außer uns beiden gibt es keine Menschen zu sehen.

Die akustische Kulisse bleibt bestehen.

Das Rauschen des Flusses wird nun mit dem Geräusch einer durch die Straßen schießenden Feuersbrunst vermengt. Es ist ohrenbetäubend, wenn ich darüber nachdenke.

Das Feuer der Sonne und das Wasser des Flusses ziehen durch ihre Lautstärke den Fokus auf sich. Plötzlich wirken mein Begleiter und ich sehr verloren in diesem Assoziationsbild. Mein Eindruck festigt sich zunehmend: Wir werden hier nicht raus kommen.

Und nun ein letztes Mal:

Was hören Sie? Hat das Gehörte Einfluss auf Ihre bisherige Wahrnehmung des Assoziationsbildes?

Ich hoffe, auch Sie haben durch die Konzentration auf akustische Elemente, auf Geräusche und Klänge, einige neue Ideen und Sichtweisen bekommen.

Offenbar ist es möglich, mit Hilfe von Wörtern, die Geräusche beschreiben, einen Fokus zu setzen.

So rücken beispielsweise die in den letzten Versen beschriebenen Naturelemente noch einmal viel stärker in den Vordergrund, wenn ihr akustisches Potenzial ‚erhört‘ wird.

Überhaupt scheint das im Gedicht Beschriebene durch die Akustik greifbarer und präziser zu werden.

Vor allen Dingen aber wird es auch spürbarer.

Denn immer wieder haben sich in meine Beschreibungen emotionale Reaktionen eingeschlichen. Deswegen wollen wir im kommenden Kapitel das Verstehen durch Fühlen versuchen. Vorher allerdings gilt es, noch eine weitere Form des Hörens auszuprobieren – das laute Lesen!

Seien Sie ehrlich: Haben Sie das Gedicht bis jetzt schon einmal laut gelesen?

Die meisten von Ihnen haben das wahrscheinlich nicht getan.

Aber warum eigentlich?

Kommen wir uns vielleicht komisch vor, wenn wir etwas mit Kraft und Ausdruck sprechen?

Oder liegt es daran, dass wir irgendwann gelernt haben, nicht so laut zu sein und uns deswegen lieber in stiller Lektüre in fremde Welten vertiefen?

Was auch immer der Grund dafür sein mag, wir müssen diese Regel nun durchbrechen und den Text laut lesen.

Denn Gedichte sind zum sogenannten *Rezitieren* gemacht. Also los, trauen Sie sich und sprechen Sie das Gedicht laut!

Die Städte (1912)

Der dunkelnden Städte holprige Straßen
Im Abend geduckt, eine Hundeschar
Im Hohlen bellend. Und über den Brücken
Wurden wir große Wagen gewahr,

Zitterten Stimmen, vorübergewehte.
Und runde Augen sahen uns traurig an
Und große Gesichter, darüber das späte
Gelächter von hämischen Stirnen rann.

Zwei kamen vorbei in gelben Mänteln,
Unsre Köpfe trugen sie vor sich fort
Mit Blute besät, und die tiefen Backen
Darüber ein letztes Rot noch verdorrt.

Wir flohen vor Angst. Doch ein Fluß weißer Wellen
Der uns mit bleckenden Zähnen gewehrt.
Und hinter uns feurige Abendsonne
Tote Straßen jagte mit grausamem Schwert.

> Eine Rezitation wird der künstlerische Vortrag oder das künstlerische Vorlesen eines Gedichts genannt. Dabei kommt es auf eine bewusst gesetzte Ausdrucksstärke an, die je nach Text und eigenem Verständnis des Gedichts unterschiedlich ist.
>
> Ein insbesondere auch aus wissenschaftlicher Perspektive spannendes Buch über die Sprechkünste im 20. Jahrhundert hat Reinhart Meyer-Kalkus geschrieben.

Wenn ich den Text laut lese, dann fällt mir auf, dass es hier einige Reime gibt. Also notiere ich diese zunächst einmal nach einem altbewährten Schema, das Sie sicher noch aus der Schule kennen.

Es ergibt sich folgendes Abbild:

Strophe	I	II	III	IV
Verse 1	a	d	f	i
2	*b*	*e*	*g*	*j*
3	c	d	h	k
4	*b*	*e*	*g*	*j*

Schauen wir uns das Reimschema an, so entdecken wir in den Strophen I, III und IV einen sogenannten *unterbrochenen Reim*, während sich die Strophe II durch einen *Kreuzreim* auszeichnet.

Was bedeutet das für unsere bisherigen Überlegungen?

Prinzipiell können wir erst einmal festhalten, dass wir in den Strophen I, III und IV eine Regelmäßigkeit im Reimschema vorfinden. Strophe II hingegen fällt aus dieser Regelmäßigkeit heraus.

Eine solche Auffälligkeit kann etwas bedeuten, muss es aber nicht.

Gerade die expressionistischen Dichter versuchten, mit der literarischen Tradition zu brechen, also anders zu schreiben als man es bis dahin gewohnt war. In der Folge gibt es etliche Gedichte, die beispielsweise einen freien Rhythmus besitzen oder eben ein unregelmäßiges Reimschema.

Aber nehmen wir nun einmal an, dass diese Unregelmäßigkeit kein Zufall ist, sondern eine bewusste Entscheidung des Autors.

Ein *Reim* entsteht durch gleich oder ähnlich lautende Vokale mit anhängenden Konsonanten. So reimen sich St<u>ein</u> und B<u>ein</u>, aber nicht K<u>ind</u> und T<u>asse</u>.

Es wird unterschieden zwischen *reinen* und *unreinen* Reimen. Bei einem reinen Reim stimmen die sich reimenden Laute exakt überein, bei einem unreinen Reim ähneln sie sich nur. Daher ist St<u>ein</u> und B<u>ein</u> ein reiner Reim, während St<u>ein</u> und R<u>eim</u> ein unreiner Reim ist, denn hier stimmen die Endkonsonanten ‚n' und ‚m' nicht völlig überein, obwohl sie ähnlich klingen.

Um ein *Reimschema* zu erstellen, ordnet man jedem Versende einen Buchstaben zu. Wenn sich Reime lautlich wiederholen, so erhalten sie auch denselben Buchstaben. In der Literaturwissenschaft wird zwischen verschiedenen Schemata differenziert. Hier seien einige Beispiele genannt:

Paarreim:	aabb
Kreuzreim:	abab
umarmender Reim:	abba
Schweifreim:	aabccb
Kettenreim:	ababcb
unterbrochener Reim:	abac

Wenn wir dies tun, dann könnten wir vielleicht auf die Idee kommen, dass uns diese Unregelmäßigkeit auf etwas aufmerksam machen will – in diesem Fall auf die zweite Strophe.

Was sagt uns das?

Es sagt uns:

Achtung, hier könnte eine Besonderheit des Textes liegen.

> Die vorherigen Beispiele sind sogenannte *Endreime*, das heißt, sie stehen am Ende eines Verses. Steht ein Reim mitten in der Zeile, so sprechen wir von einem *Binnenreim*:
>
> Das Leben geben wir dir, du wunderschönes Tier.

Also werfen wir einen Blick auf die zweite Strophe.

Was unterscheidet sie von den restlichen Strophen?

Auf der Textoberfläche fällt auf, dass diese Strophe als einzige nicht mit einem eigenständigen Satz beginnt. Stattdessen ‚schmiegt‘ sie sich an die vorhergehende Strophe an, indem sie den zweiten Satz der ersten Strophe beendet.

Alle anderen Strophen beginnen mit einem eigenständigen Satz, der auch innerhalb der jeweiligen Strophe abgeschlossen wird.

Aha!

Eine Besonderheit!

...

Aber ... das bedeutet doch dann gleichzeitig, dass auch die erste Strophe eine Besonderheit aufweist, oder?

Sie endet nämlich nicht als für sich abgeschlossene Strophe mit einem Punkt, Frage- oder Ausrufezeichen. Ihr Satzende wird über ein Komma in die zweite Strophe hinüber gezogen.

Wenn aber der Satz erst in der Folgestrophe endet, dann kann auch seine Satzaussage, sein Inhalt also, erst in der Folgestrophe enden.

Diese neue Erkenntnis belegt, was mein Assoziationsbild bereits vermuten ließ: Die Verse gehören zusammen.

Und die bereits festgehaltene Beobachtung, dass sich nicht nur die wahrgenommenen Wagen „über den Brücken" befinden, sondern auch die zitternden Stimmen, wird ebenfalls untermauert.

Das Reimschema schärft hier also meinen Blick für eine strukturelle Besonderheit, die mein Verständnis der Textstelle untermauern kann.

Doch da ist noch mehr.

Denn die Hervorhebung der zweiten Strophe könnte auch eine inhaltliche Komponente haben und nicht nur eine strukturelle.

Und was sehen wir, wenn wir uns meine Assoziationsbilder mit dem Fokus vor allem auf Strophe II anschauen?

Na?

Richtig.

Menschen.

Oder zumindest Teile von Menschen.

Nämlich: „Stimmen", „runde Augen", „große Gesichter", „Gelächter", „hämische Stirnen".

In der zweiten Strophe tauchen zum ersten Mal Stadtbewohner auf.

Das könnte also eine Besonderheit sein.

Und es könnte auch der Grund sein, weshalb der Teil der Satzaussage über die Stimmen aus der ersten in die zweite Strophe verschoben wurde.

Einerseits sind die Strophen I und II auf diese Weise verbunden. Ich kann also die Quelle der Stimmen auf die Höhe der Wagen bringen.

Und andererseits sind sie dadurch auch voneinander getrennt. Das Komma trennt und verbindet gleichermaßen und die Stimmen selbst sind so fester Bestandteil der zweiten Strophe geworden.

Aber zurück zu der Beobachtung, dass hier zum ersten Mal einige Stadtbewohner auftauchen.

Wenn der Fokus durch das Reimschema hier so offensichtlich auf dieser Strophe gelegt wird, dann lässt sich vermuten, dass sie vielleicht sogar die einzige Strophe ist, in der Stadtbewohner vorkommen.

Möglicherweise sind sie also nicht nur zum ersten Mal zu sehen, sondern auch ausschließlich hier.

Sie werden jetzt natürlich sofort einwenden:

Was ist mit den in Strophe III beschriebenen „Zwei [...] in gelben Mänteln"?

Sind das keine Menschen?

Sind sie nicht echt?

Ein sehr guter Einwand! Sehr gute Fragen, die Sie da stellen!

Die muss ich mir notieren, denn sie betreffen mein Textverständnis sehr stark. Mal schauen, ob ich sie bis zum Ende auflösen kann.

Was sich aber schon jetzt sagen lässt, ist, dass der Kreuzreim der zweiten Strophe auf einen Inhalt hindeutet, der über die Verse hinweg verwoben ist.

Oder anders gesagt: Die Verse werden durch den Reim so miteinander verbunden, dass sie wie die Webmuster eines Stoffes oder eines Spinnennetzes zusammenhängen.

Und das würde erneut meine These stützen, dass dies die einzige Strophe ist, in der Stadtbewohner – also andere Menschen – auftauchen.

Denn durch den Kreuzreim bleiben diese in Strophe II ‚eingewebt'.

Wie würden Sie den Bruch im Reimschema erklären?

Machen Sie sich Gedanken dazu. Notieren Sie Ihre Ideen und Lösungen auf der gegenüberliegenden Seite – oder malen Sie etwas.

Denn anschließend wollen wir das *Verstehen durch Fühlen* ausprobieren.

Verstehen durch Fühlen

Es gibt Wörter, die werden in Schule und Wissenschaft während einer Prüfungssituation nur ungern gehört.

Eines dieser Wörter lautet ‚fühlen‘.

Und zwar dann, wenn zur Begründung einer Interpretation Sätze fallen wie: Ich fühl das so, dass das so ist!

Natürlich ist das prinzipiell erst einmal nicht schlimm.

Viele Menschen sagen so etwas.

Studierende (auch und besonders gern Lehramtsstudierende) sagen so etwas.

Entscheidend ist, dass diese Aussage zwar das Ergebnis eines Lese- und Deutungsprozesses ist, nicht aber eine für jeden Menschen gleichsam nachvollziehbare Erkenntnis.

Oder anders gesagt: Sie dürfen es nicht nur fühlen, sondern Sie müssen das Gefühl in Wissen umwandeln.

In einer Prüfung oder in einer Diskussion über einen literarischen Text könnten Sie zu mir sagen: Der Text macht mich traurig.

Ich würde erwidern: Das ist aber gar nicht schön.

Dann bekämen Sie von mir ein Taschentuch.

Und anschließend würde ich fragen: Warum macht der Text Sie traurig?

Wenn Sie nun antworten: Ich fühl das so, dass das so ist! ... dann haben Sie verloren.

Sie sind entweder soeben durch die Prüfung gerasselt oder ich habe entnervt die Diskussion beendet.

Denn dieser Satz erklärt leider überhaupt nichts. Besser wäre es, wenn Sie mir darlegen könnten, weshalb Sie etwas so fühlen, wie Sie es fühlen.

Erinnert Sie diese Formulierung an etwas?

Genau!

Das ist mit den Gefühlen nämlich wie mit Ihrer inneren Vorstellung: Wir müssen uns immer wieder fragen, woher dieses oder jenes Gefühl, diese oder jene emotionale Reaktion stammt.

Trotzdem möchte ich an dieser Stelle unbedingt festhalten, dass es völlig normal ist, wenn beim Lesen oder Nachdenken über Literatur Gefühle entstehen.

Ich gehe sogar soweit, die emotionale Reaktion des Lesers als Ziel einer jeden Lektüre und damit als Aufgabe eines jeden Buches zu bestimmen.

Wenn ein Text mich nicht berührt, wenn er mich nicht mitreißt, dann ist er in meinen Augen ein schlechter Text.

Und schlechte Texte regen mich nur selten zum Nachdenken an. .... Ein Gedicht, das mich berührt, hingegen schon.

Aber dies gilt eben nur für meine ganz subjektive Wahrnehmung.

Aus wissenschaftlicher Perspektive kann der Text durchaus ein Meilenstein der Literatur sein, weil er etwas ganz anders macht, als alle Texte vor ihm. Weil er eine neue Form der Struktur oder einen vermeintlich skandalösen Inhalt besitzt.

Für mich persönlich aber ändert das nichts.

Goethe mag ein Genie seiner Zeit gewesen sein und wichtige Impulse für nachfolgende Generationen gegeben haben.

Trotzdem interessieren mich manche seiner Werke nur mäßig, weil sie mich emotional nicht ansprechen – oder sagen wir besser: Weil sie mich bisher emotional nicht ansprechen.

Denn solche Einschätzungen können sich ändern.

Während „Faust" in der Schule eher Zwang denn Genuss war, konnte ich ihm Jahre später durchaus etwas abgewinnen, nachdem ich ihn freiwillig und mit Muße las.

Halten wir bis hier erst einmal fest:

Die Literatur kann bei jedem Lesenden Emotionen auslösen. Emotionen sind folglich essentieller Bestandteil eines jeden Lese- und damit Verstehensprozesses.

Wenn die Emotion aber wichtiger Bestandteil des Verstehensprozesses ist, dann muss sie im Rahmen einer Textuntersuchung auch ernstgenommen werden.

Und genau dies wollen wir nun tun. Wir fragen uns also:

Was fühlen wir in Bezug auf unsere Assoziationsbilder? Und warum fühlen wir es?

Dazu nehmen Sie sich bitte ausreichend Zeit, um den Text noch einmal in Ruhe zu lesen. Rufen Sie dabei Ihre visuellen und akustischen Assoziationen erneut wach. Was fühlen Sie, wenn Sie sich in das beschriebene Geschehen hineinversetzen? Welche Reaktionen lösen die Assoziationsbilder in Ihnen aus?

Notieren Sie gegenüberliegend.

Die Städte (1912)

Der dunkelnden Städte holprige Straßen
Im Abend geduckt, eine Hundeschar
Im Hohlen bellend. Und über den Brücken
Wurden wir große Wagen gewahr,

Zitterten Stimmen, vorübergewehte.
Und runde Augen sahen uns traurig an
Und große Gesichter, darüber das späte
Gelächter von hämischen Stirnen rann.

Zwei kamen vorbei in gelben Mänteln,
Unsre Köpfe trugen sie vor sich fort
Mit Blute besät, und die tiefen Backen
Darüber ein letztes Rot noch verdorrt.

Wir flohen vor Angst. Doch ein Fluß weißer Wellen
Der uns mit bleckenden Zähnen gewehrt.
Und hinter uns feurige Abendsonne
Tote Straßen jagte mit grausamem Schwert.

Wenn ich versuche, meine textbezogenen Gefühle festzuhalten, dann stelle ich schnell fest, dass sich viele meiner Notizen als Stimmungen bezeichnen lassen.

Sollte ich beispielsweise die Wirkung des Gedichts beschreiben, so würde ich diese als ‚bedrohlich' bezeichnen.

Wenn ich mir vorstelle, tatsächlich in dieser Stadt sein zu müssen, bekomme ich Angst.

Am besten verfolgen wir unsere bisherigen Überlegungen noch einmal nach, indem wir die Textbilder (TB), Assoziationsbilder (AB) und die Akustik (AK) mit den daraus entstehenden Emotionen abgleichen:

TB1:
„Der dunkelnden Städte holprige Straßen / Im Abend geduckt,"

TB2:
„eine Hundeschar / Im Hohlen bellend."

AB1:
Ich stehe auf einer breiten Landstraße, die aus festem Sand besteht, ähnlich einem Feldweg, und blicke auf die Silhouette einer leicht futuristisch wirkenden Großstadt, die dem Film „Metropolis" entsprungen sein könnte. Es ist früher Abend, die Sonne geht langsam unter. Die Straße führt über sanfte Hügel zur Stadt hin. Dann gibt es einen Bruch in meiner Vorstellung. Es kommt zu einem schnellen Zoom in die Stadt hinein bis zu einer dunklen Gasse, die von einer Hauptstraße abgeht. Das Licht einer Laterne fällt ein Stück in die Gasse und beleuchtet die Wand eines Hauses. Darauf bewegen sich die Schatten bellender Hunde. Ansonsten ist die Stadt bisher leer.

AK1:
Auf der Landstraße höre ich ein ganz leises Brausen des Windes. Keine Tiere – keine Vögel, keine Grillen, nur ein leiser Wind. Und dann plötzlich der Zoom auf die bellenden Hunde. Es ist ein aufgeregtes Bellen, das in der Gasse widerhallt und dadurch noch lauter wirkt.

Schon die Stimmung zu Beginn meines ersten Assoziationsbildes hinterlässt ein ungutes Gefühl in mir.

Die Vorstellung auf dieser Landstraße zu stehen, den Blick auf die dunkle Silhouette der Stadt gerichtet, die abendliche Stimmung, die fehlenden Geräusche abgesehen vom leise wehenden Wind – das alles wirkt wie die sogenannte ‚Ruhe vor dem Sturm‘.

Dieses Gefühl der Bedrohung scheint hier mehrere Grüne zu haben.

Zunächst spielt die abendliche Stimmung eine Rolle.

Es gibt in meiner Vorstellung eine Art abendliches Zwielicht, das die Silhouette der Stadt düster erscheinen lässt.

Diese Assoziation entsteht zum Beispiel durch die Beschreibung „dunkelnden Städte" – die Städte oder in meinem Assoziationsbild die eine Stadt ist nicht nur düster, sondern sie wird zunehmend immer dunkler.

Denn mit dem Partizip „dunkelnd", als Attribut zu „Städte", wird ein Vorgang beschrieben und kein Zustand.

Es ist also nicht dunkel, sondern es wird dunkel bzw. zunehmend dunkler.

Ebenfalls wichtig für die bedrohliche Stimmung ist die Beschreibung der Straßen mit „Im Abend geduckt".

Das damit verbundene ‚Ducken‘ der Straßen deutet für mich eine Bedrohung an. Es gibt etwas, das ihnen Furcht einflößt.

> Das *Partizip I* leitet sich vom Infinitiv des Verbs ab und wird durch Hinzunahme eines „d" gebildet (trinken – trinkend). Es lässt sich wie ein Adjektiv als Attribut verwenden (das trinkende Kind), wobei es die dem Ursprungsverb eigene Handlungsqualität beibehält:
>
> Das Kind trinkt.
> ... das trinkende Kind

Übrigens wäre eine gegenteilige Lesart ebenso möglich: Die Straßen ducken sich vielleicht, weil sie auf der Lauer liegen!

So oder so – bedrohliche Stimmung bleibt in beiden Fällen bestehen.

In meiner Lesart, um fortzufahren, ducken sich die Straßen aus Furcht.

Und erneut muss ich meine Beschreibung präzisieren.

Der Ausdruck, die Straße führe „über sanfte Hügel", ist unpassend.

Er suggeriert, dass es hier kuschlig zuginge, aber genau das Gegenteil ist der Fall.

Vielmehr gewinne ich zunehmend den Eindruck, dass die Straße zur Stadt hin irgendwie in zackigen Linien zusammengeschoben ist.

Stellen Sie sich vor, eine gerade Linie (die Straße) ‚duckt' sich plötzlich.

Für mich rutschen hier der Anfang und das Ende der Linie zusammen.

Sie wird ‚knittrig'.

Ungefähr so:

Ich ──────────────────────────────Stadt

    Ich   〜〜〜〜〜   Stadt

Die Straße, so scheint es, hat vor irgendetwas Angst!

Und nun führen Sie sich mal mein Assoziationsbild vor Augen:

Die zackig geduckte Straße, die zu einer dunkler werdenden Stadtsilhouette im Zwielicht der Dämmerung führt.

Dabei hören und spüren Sie die Ruhe vor dem Sturm und dann kommt es zu dem oben beschriebenen schnellen Zoom auf die Schatten der bellenden Hunde.

Akustisch und visuell findet hier ein Wechsel von bedrohlicher Stille hin zu einer wilden, lärmenden Kulisse statt.

Innerlich zucke ich zusammen, ich erschrecke mich regelrecht.

Sind die Hunde vielleicht die zuvor ‚erspürte' Bedrohung?

Sie sehen vielleicht jetzt schon, dass es nicht ganz einfach ist, die Stimmungen und Gefühle zu beschreiben, die beim Lesen und Nachdenken in einem selbst entstehen. Denn wenn wir ganz genau sein wollen und versuchen, jede Stimmung oder jedes Gefühl festzuhalten, um dessen Herkunft zu ergründen, dann merken wir schnell, dass hier noch mehr geschieht, als bisher gedacht.

Die visuellen und akustischen Vorstellungen beeinflussen im Zusammenspiel mein Fühlen ... und zwar in einer konkreten und mit Hilfe des Textes nachvollziehbaren Weise.

Und wie ist das bei Ihnen?

Schreiben Sie es auf!

Lassen Sie uns fortfahren, unsere Gefühlswelt zu erkunden:

TB3:

„Und über den Brücken / Wurden wir große Wagen gewahr, / Zitterten Stimmen, vorübergewehte."

AB2:

Mein Blick geht von der Wand mit den Schatten der Hunde darauf schräg nach links oben. Dort befinden sich in unterschiedlicher Höhe Brücken zwischen hohen Häusern. Sie verlaufen quer zur Hauptstraße, an der ich noch immer stehe. Die Brücken sind recht hoch. Neben mir steht jemand. Ich nehme die Person nur aus dem Augenwinkel wahr und kann sie nicht beschreiben. Sie richtet wie ich den Blick nach oben. Ich kann auf der Brücke, die am nahesten ist, Autos erkennen – sie sehen wie kleine, alte Transporter aus. Gleichzeitig höre und sehe ich Stimmen. Sie liegen über der Brücke und machen sich durch eine Art Zittern der Luft bemerkbar, das durch den Fahrtwind der Wagen hervorgerufen wird. Dieser Fahrtwind ist es auch, der die Stimmen verweht. Dadurch sind diese nicht deutlich zu vernehmen, ich kann also keine Sätze oder Wörter verstehen. Sie sind lediglich als Stimmengewirr identifizierbar.

AK2:

Mich lenkt das Geräusch von entfernt über mir fahrenden Kleintransportern ab. Außerdem höre ich ein Stimmengewirr. Die Stimmen sind nicht einzelnen Menschen zuzuordnen, sie sind nicht einmal klar zu verstehen, sondern sie werden vorübergeweht. Und vielleicht macht sich sogar das Zittern in diesem Vorüberwehen akustisch bemerkbar, indem es die Stimmen ein wenig lauter und leiser werden lässt, so als wären sie zerstückelt – und damit erneut als Stimmengewirr zu bezeichnen.

Nach dem gerade durchlebten Schrecken entsteht nun eine Ablenkung von den bellenden Hunden.

Das Geräusch der Wagen über den Brücken.

Die innere Aufregung legt sich etwas, während das unheilvolle Gefühl einer Bedrohung erneut aufflammt.

Aber immerhin bin ich nicht allein in dieser Stadt.

Es gibt jemanden neben mir, der mir in irgendeiner Form vertraut ist.

Er ist kein Fremder, obwohl ich ihn nicht im realen Leben kenne, sondern jemand, der mit mir in diese Stadt gekommen ist.

Da es im Text nachfolgend immer „wir" heißt, entsteht oder vielmehr besteht eine Art Gemeinschaft zwischen ihm und mir.

An dieser Stelle muss ich wieder einmal unterbrechen und meine Überlegungen präzisieren.

Der unbekannte Bekannte steht gar nicht von Beginn an bei mir.

Im ersten Assoziationsbild, das die ersten beiden Textbilder umfasst, nehme ich ihn nicht wahr.

Das liegt wahrscheinlich daran, dass es dort keine Personalpronomen gibt.

Weder heißt es ‚ich' noch ‚wir'.

Wenn es aber dort weder ‚ich' noch ‚wir' heißt, kann ich mich selbst auch nicht als Person in diesem ersten Assoziationsbild auf der Straße wiederfinden.

Offenbar handelt es sich bei meiner dortigen Position um einen Blick auf die Stadtsilhouette aus der Normalperspektive heraus, der jedoch nicht an eine körperliche Figur gebunden ist.

Die ‚körperliche' Teilnahme entsteht erst mit dem „wir" des dritten Textbildes.

Das lyrische Ich teilt mir also schon vorher etwas über die Stadt (und in meinem Assoziationsbild auch etwas über die Umgebung) mit – aber es tritt dort selbst noch nicht auf.

Die Rolle, in die ich als Leser schlüpfe und in der ich dann vom wir ‚spreche', wird erst in der Stadt selbst konkret.

Der Zoom führt mich also aus der nicht personalen Normalperspektive in eine personale Perspektive – in die Rolle des lyrischen Ich.

Ich werde dies in der Zusammenfassung meiner bisherigen Ergebnisse bedenken und meine Beschreibungen am Ende dieses Kapitels präzisieren müssen.

Auf jeden Fall macht dies erneut deutlich, wie wichtig es ist, das lyrische Ich als eine Art Sprecher des Gedichts zu verstehen. Ein Sprecher, in dessen Rolle wir schlüpfen, und von dem wir uns auch wieder lösen können müssen.

Aber zurück zu meinem Gefühlsleben.

Durch die Ablenkung blicken mein Begleiter und ich also nach oben. Wir sehen die Wagen und hören das undeutliche Stimmengewirr.

Die undefinierte Bedrohung wird dadurch nur noch größer. Denn wir vernehmen ja keine klaren Worte, sondern nur aus der Entfernung etwas Menschliches.

Die Textbeschreibung „zitterten" und „vorübergewehte" lässt die Stimmen leise, klein und schwach wirken. Es ist wohl eher ein Flüstern, das in der Luft liegt. Es verstärkt bei mir die Angst, die mit der Bedrohung einhergeht.

Hier haben Sie wieder Raum für eigene Überlegungen:

TB4:

„Und runde Augen sahen uns traurig an"

TB5:

„Und große Gesichter, darüber das späte / Gelächter von hämischen Stirnen rann."

AB3:

Noch immer habe ich das letzte Bild der Brücken mit den Wagen und Stimmen vor mir. Plötzlich wird ein Paar großer, runder Augen sichtbar – sie tauchen langsam auf wie eine Einblendung. Die Augen schauen traurig auf die Person neben mir und auf mich herab. Wir senken unseren Blick, die Augen geraten aus dem Sichtfeld und ich nehme auf dem Bürgersteig vor uns eine Menschenmenge wahr. Die Menschen sehen aber irgendwie anders aus. Sie haben im Vergleich zum Körper beinahe übergroße Köpfe. Die Körper sind auch kaum sichtbar. Irgendwie verschwinden sie unter den viel zu großen Köpfen. Die Menschen bewegen sich als Masse wie im Gleichschritt auf uns zu. Ihre Gesichter deuten eine bösartige Freude an – die Münder lachen nicht, aber die Gesichtszüge zeigen die Merkmale von ‚bösem Lachen' – die Stirn ist kraus gezogen.

AK3:

Ich höre noch immer die Akustik des vorhergehenden Assoziationsbildes – die Wagen und die Stimmen. Durch die Einblendung der Augen entsteht kein neues Geräusch. Mit Änderung der Blickrichtung nach unten, wird die Geräuschkulisse leiser, bis sie schließlich völlig verstummt. Es treten keine neuen Klänge hinzu. Die Menschenmasse vor uns bleibt lautlos.

Durch die Einblendung der Augen verstärkt sich mein ungutes Gefühl.

Sie schauen traurig auf uns herab. Aber weshalb blicken sie so traurig? Und zu wem gehören sie?

Falls die traurigen Augen in Ihren Vorstellungen mit den großen Gesichtern verbunden sind oder zu den Stimmen gehören, haben Sie es leichter, die letzte Frage zu beantworten.

Ich muss diese Frage erst einmal zu meinen Notizen hinzufügen, um später darüber nachzudenken.

Irgendwie habe ich das Gefühl, dass diese Augen ‚mehr wissen' als ich.

Dass sie etwas über mich oder über meine Zukunft wissen und deswegen so traurig sind.

Sie schauen auf uns herab – jemand schaut auf uns herab.

Wer auch immer dieser Jemand ist – mein Begleiter und ich schauen nun auch nach unten.

Die Menschenmasse mit den übergroßen, böse wirkenden Gesichtern wird sichtbar. Durch ihren Gleichschritt wirken die Menschen nicht nur böse, sondern auch ein wenig wie aneinander gekettete Gefangene, obwohl sie keine Ketten tragen.

Meine gefühlte Angst wird noch größer.

Dieses „späte Gelächter von hämischen Stirnen" ist so boshaft.

Worüber haben sie gelacht? Vielleicht wissen auch sie etwas, das mein Begleiter und ich nicht wissen?

Irgendwie wirken sie dämonisch und unecht.

Im Gegensatz zu uns scheinen sie keine wirklichen Menschen zu sein.

Ein merkwürdiger Eindruck.

Er entsteht möglicherweise durch die Beschreibung im Gedicht, die diese ‚Menschen' auf Einzelheiten reduziert. Es werden keine ‚ganzen' Menschen beschrieben, sondern nur Teile von ihnen. Aber auch ihre relative Lautlosigkeit finde ich unheimlich.

Was spüren Sie? Halten Sie es hier kurz fest:

TB6:

„Zwei kamen vorbei in gelben Mänteln, / Unsre Köpfe trugen sie vor sich fort / Mit Blute besät, und die tiefen Backen / Darüber ein letztes Rot noch verdorrt."

AB4:

Dieser lange Satz löst in meiner Vorstellung eine Teilung der Menschenmasse aus, die sich vor meinem ‚unbekannten Bekannten' und mir aufgebaut hat. Die Menge öffnet sich und ich nehme zwei Menschen in quietschgelben Regenmänteln wahr, die sich auf uns zubewegen. Durch einen Zoom blicke ich ausschließlich auf die Mäntel. Die Köpfe der beiden sehe ich nicht. Stattdessen fällt mir auf, dass sie den Kopf meines Begleiters und meinen eigenen vor ihrer Brust tragen. Es kommt zu einem zweiten Zoom und ich sehe die Köpfe nun direkt vor mir. Auf den Köpfen sind Blutspritzer. Die Köpfe selbst haben noch ein Stück Hals darunter. Es sieht aus, als wären sie abgeschlagen worden. Deshalb ist an der Schnittstelle des Halses wesentlich mehr Blut, das nicht mehr tropft, aber frisch zu sein scheint. Die Wangen sind eingefallen und werden langsam blass.

AK4:

Hier höre ich nichts.

Hier haben wir das wohl schrecklichste Bild des Gedichts vor uns und ich höre nichts. Dafür fühle ich aber umso mehr.

Zum einen habe ich das Gefühl, die Farbe der Mäntel würde mich ‚anschreien', so grell ist sie. Sie zieht meine ganze Aufmerksamkeit auf sich – wie ein ‚lautes' Warnsignal.

Mein Blick fokussiert dadurch unsere abgeschlagenen Köpfe.

Irgendwie scheint alles, was bisher geschah, auf diesen Moment hinauszulaufen.

Ist dies die Bedrohung, die ich die ganze Zeit fühle? Wussten die traurigen Augen, dass uns so etwas bevorsteht? Lachten die boshaften Menschen deswegen?

Nur merkwürdig ist: Unsere Köpfe sitzen ja noch auf unseren Schultern!

Ist das alles also möglicherweise gar nicht echt? Ist es vielleicht ein Traum oder vielmehr ... eine Vision?

Je länger ich darüber nachdenke, umso stärker habe ich das Gefühl, dass dies eine Schreckensvision ist. So könnte unsere Zukunft in dieser düsteren Stadt aussehen, die so bedrohlich wirkt.

Deshalb müssen wir hier heraus – sonst verlieren wir den Kopf!

Verlieren auch Sie Ihren Kopf? – Schnell, notieren Sie Ihre Eindrücke!

TB7:
„Wir flohen vor Angst."

AB5:
Nun gibt es in meinem Assoziationsbild eine Art Standortwechsel. Der Betrachter – also ich als Leser – schaut aus der Vogelperspektive nach unten. Ich sehe meinen Begleiter und mich selbst, wie wir auf einer Straße durch die Stadt rennen.

AK5:
Ich höre den Hall unserer Schritte, während wir fliehen.

Gerade wird mir etwas klar.

Erinnern Sie sich noch an meine Feststellung aus dem letzten Kapitel?

Dass die Stadt auf mich hohl und leer wirkt?

So als wäre es keine richtige Stadt?

Irgendwie passt das doch sehr gut zu den Erkenntnissen, die ich gerade über die Stadtbewohner gewonnen habe.

In einer hohlen und leeren Stadt – in einer unwirklichen Stadt – leben dämonische, unechte Menschen.

Alles hier scheint nicht so beschaffen zu sein, wie es in der realen Welt der Fall ist.

Es fühlt sich für mich nicht echt an.

Eher wie ein Abbild.

Die Stadt und ihre Bewohner sind wie Hohlkörper, die kein Innenleben haben.

Mein lyrisches Ich und mein Begleiter wirken hingegen real und lebendig.

Wir sind anders als alle anderen dort.

Und vielleicht haben wir das durch die Schreckensvision gerade erkannt, denn wir laufen nun fort, um unser Leben zu retten.

Ich spüre weniger die bisherige Angst, als vielmehr den Drang, herauszukommen und nicht so zu werden, wie diese ‚Menschen‘.

Was spüren Sie? – Aufschreiben:

TB8:

„Doch ein Fluß weißer Wellen / Der uns mit bleckenden Zähnen gewehrt."

AB6:

Wir erreichen den Rand der Stadt. Doch direkt am Ende dieser Straße gibt es einen reißenden Fluss, der auf seinen Strudeln kleine weiße Schaumkronen trägt. Als wir das Ufer erreichen, spritzt das Wasser hoch und fließt noch schneller und unberechenbarer. Wir werden hier nicht raus kommen. Hinter uns steht düster die Stadt mit ihrer schwarzen Straßenschlucht. Am Ufer des Flusses ist es etwas heller, obwohl das Wasser selbst auch eher dunkel aussieht.

AK6:

Der Nachhall unserer Schritte wird zunehmend übertönt von dem Rauschen des Flusses. Mit Erreichen des Ufers wird das Rauschen lauter, zu einem strudelnden Brausen. Ich höre das aufpeitschende Wasser und beinahe klingt der Fluss wie ein knurrender Hund. Die Klänge werden immer einnehmender, sie ‚überfluten' beinahe alles.

Die gefühlte Bedrohung wird nun real. Sie manifestiert sich zunächst als rauschender Fluss, der wie ein knurrender Hund klingt.

Hier vermischt sich plötzlich der Wille zu entkommen mit einem neuen Gefühl der Angst und mit einer starken Verzweiflung.

Die neuerliche Angst entsteht aus der greifbaren Bedrohung durch den Fluss.

Die Verzweiflung entsteht, weil der Fluss uns abwehrt und wir die Stadt nicht verlassen können.

Durch die ohrenbetäubende Lautstärke des Flusses werde ich an das Bellen der Hunde vom Beginn erinnert.

Tatsächlich löst beides eine ähnliche Form von Angst in mir aus.

Die Hunde waren nur nicht ganz so bedrohlich, weil ich lediglich ihre Schatten sah.

Der reißende Fluss aber ist sichtbar und für das lyrische Ich, in dessen Haut ich stecke, real.

TB9:

„Und hinter uns feurige Abendsonne / Tote Straßen jagte mit grausamem Schwert."

AB7:

In meinem letzten Assoziationsbild verbleibe ich in der Vogelperspektive. Aber ich verändere die Position. Der Standort ist nun über dem reißenden Fluss. Ich sehe meinen Begleiter und mich am Ufer stehen und sich umdrehen. Die zuvor dunkle Straßenschlucht wird von einem Feuerstrahl erhellt. Ich sehe die Sonne dunkelrot und tiefstehend auf Höhe der Stadt. Der Feuerstrahl geht von ihr aus und jagt durch die Straße. Außer uns beiden gibt es keine Menschen zu sehen.

AK7:

Das Rauschen des Flusses wird nun mit dem Geräusch einer durch die Straßen schießenden Feuersbrunst vermengt. Es ist ohrenbetäubend.

Zu der gerade beschriebenen Angst und Verzweiflung tritt nun auch noch ein Gefühl der Ohnmacht hinzu.

Wir stehen mitten in einem akustischen und visuellen Inferno.

Wir sind diesen Naturgewalten ausgeliefert.

Wir werden ihnen oder der Stadt nicht entkommen, egal was wir versuchen.

Puh.

Empfanden sie die Auseinandersetzung mit Ihren Emotionen auch als so anstrengend?

Ich habe das Gefühl, die letzten Seiten dieses Buches ununterbrochen auf der Flucht gewesen zu sein.

So als wäre ich die ganze Zeit gerannt, weil ich verfolgt werde.

Dieses Gedicht schafft mich!

Lassen Sie uns also erst einmal durchatmen.

Nehmen Sie sich die Zeit, Ihre Eindrücke in Ruhe durchzugehen und ihnen ‚nachzufühlen'.

Und wenn Sie Lust haben, dann schreiben Sie kurz einmal auf, wie Sie sich nach dieser Reflexion Ihrer Emotionen fühlen.

Wurden Sie auch so gehetzt?

Nachdem wir nun so intensiv unsere Gefühlslage reflektiert haben, wird es Zeit, nach dem Ergebnis dieser Untersuchung zu fragen.

Was hat uns das Kapitel *Verstehen durch Fühlen* bisher gebracht?

Zunächst einmal ist festzuhalten, dass zumindest in meinen Beschreibungen wieder einige Bilder präzisiert wurden.

Ähnlich wie beim Verstehen durch Hören wurde ich auch hier gezwungen, genauer zu werden und mich zu fragen, woher dieses oder jenes Gefühl kommt und inwieweit es zu den bisher erarbeiteten Ergebnissen passt.

Aber es entstanden auch neue Fragen.

Und es gab einige Antworten.

Nachdenken und nachfragen

Um die neu aufgeworfenen Fragen und Antworten mit den bisherigen Erkenntnissen zu verbinden, fasse ich noch einmal alles Schritt für Schritt zusammen.

TB	Textbild
AB	Assoziationsbild
AK	Akustik
EM	Emotionsbild
oF	offene Fragen

Übergänge oder Perspektivwechsel

Normalperspektive, Abstand zur Figur

TB1:
„Der dunkelnden Städte holprige Straßen / Im Abend geduckt,"

schneller Zoom, Figurenperspektive

TB2:
„eine Hundeschar / Im Hohlen bellend."

AB1:
Vor meinem inneren Auge befindet sich eine breite Landstraße, die aus festem Sand besteht. Die düstere Silhouette einer futuristisch wirkenden Großstadt, die dem Film „Metropolis" entstammen könnte, ist zu sehen. Die Sonne geht langsam unter, das Zwielicht der Dämmerung entsteht und in der Stadt sowie um die Stadt herum wird es zunehmend dunkler. Die Straße sieht zusammengedrängt aus. Es kommt zu einem schnellen Zoom in die Stadt hinein. In meiner Vorstellung wechsle ich von einer unabhängigen Normalperspektive in eine figurengebundene Normalperspektive. Die Figur, in die ich mich hineinversetze, ist das lyrische Ich. Vor mir befindet sich nun eine dunkle Gasse, die von einer Hauptstraße abgeht. Das Licht einer Straßenlaterne fällt ein Stück in die Gasse und beleuchtet die raue Wand eines Hauses. Darauf bewegen sich die Schatten großer bellender Hunde.

AK1:
Auf der Landstraße höre ich ein ganz leises Brausen des Windes. Keine Tiere – keine Vögel, keine Grillen, nur ein leiser Wind. Und dann plötzlich der Zoom auf die bellenden Hunde. Es ist ein aufgeregtes Bellen, das in der Gasse widerhallt und dadurch noch lauter wirkt.

EM1:
Ich fühle auf der Landstraße eine undefinierte Bedrohung. Die Stille in Verbindung mit dem leisen Windbrausen wirkt wie die Ruhe vor dem Sturm. Das zunehmende Zwielicht und die Beschaffenheit der Straße (die sich anscheinend furchtsam abduckt) lassen diese Bedrohung noch größer werden. Durch den abrupten Wechsel in die Figurenperspektive und das plötzlich erklingende, laute Bellen der Hunde erschrecke ich mich.

oF:
Sind die Hunde die zuvor wahrgenommene Bedrohung? Warum ducken sich die Straßen/die Straße?

Wenn Sie meine aktuellen Notizen zu den Textbildern eins und zwei mit denen der vorherigen Kapitel vergleichen, dann werden Sie feststellen, dass sich hier einiges verändert oder präzisiert hat.

Lassen Sie mich deshalb auf die eine oder andere Veränderung hinweisen, um Sie Ihnen zu erläutern.

Bereits der Beginn dieser Zusammenfassung ist anders.

Sie leitet nun ein mit der kursiv gedruckten Beschreibung: *„Normalperspektive, Abstand zur Figur"*, die später ergänzt wird durch: *„schneller Zoom, Figurenperspektive"*.

Wir haben bereits einige Seiten zuvor darüber gesprochen, dass es einen Unterschied zwischen der Normal-, der Frosch- und der Vogelperspektive gibt.

Dabei ging es um die Frage, auf welcher Höhe sich unsere Augen befinden.

Wenn ich also von der Normalperspektive spreche, so ist genau diese Differenzierung damit gemeint und es soll ausgedrückt werden, dass sich mein Standpunkt weder geduckt noch erhöht befindet.

Etwas anderes beschreiben hingegen die Formulierungen „*Abstand zur Figur*" und „*Figurenperspektive*". Hier bediene ich mich einiger wissenschaftlicher Überlegungen zur Analyse von epischen Texten.

Denn während die Bezeichnung „*Abstand zur Figur*" Ähnlichkeiten zum sogenannten *auktorialen Erzähler* aufweist, kann „*Figurenperspektive*" mit dem *personalen* oder dem *Ich-Erzähler* verglichen werden.

Im Fall von Heyms „Die Städte" dürfte es sich der Form nach am ehesten um eine Art Ich-Erzähler handeln.

Natürlich dürfen Sie mir jetzt die Frage stellen, weshalb ich auf ein Gedicht Kategorien aus der Erzählanalyse anwende – und ich möchte Ihnen diese Frage auch gern beantworten.

Wenn Sie einen Blick auf den Text werfen, genauer gesagt auf die Verben, so stellen Sie vielleicht fest, dass hier die Vergangenheitsform gewählt wurde und zwar beinahe konsequent. Der von mir in zwei Textbilder eingeteilte erste Satz sticht jedoch durch eine Mehrdeutigkeit hervor, die der *Inversion* und *elliptischen Verkürzung* geschuldet ist.

So könnte der Satz umgestellt und mit einem Verb versehen entweder lauten:

> Die holprigen Straßen der dunkelnden Städte <u>sind</u> im Abend geduckt, eine Hundeschar <u>ist</u> im Hohlen bellend.

In der Erzählanalyse wird zwischen drei verschiedenen Erzählertypen bzw. Erzählperspektiven unterschieden. Dabei kann ein Erzähler innerhalb eines Textes durchaus zwischen den verschiedenen Perspektiven wechseln.

Am bekanntesten ist sicherlich der *auktoriale oder auch allwissende Erzähler*. Er steht quasi über allem und weiß alles. Er kann in der Zeit vor und zurück reisen und kennt die Gedanken einer jeden Figur.

Der *personale Erzähler* hingegen ist an die Perspektive der Figuren gebunden. Das heißt, er versetzt sich in die Figuren hinein und erzählt aus deren Sichtweise. Dabei kann er zwischen verschiedenen Figuren wechseln. Allerdings kennt er immer nur die Perspektive der jeweiligen Figur.

Bleibt ein Erzähler in einer Figur hängen und verwendet die Ich-Form bzw. eine ihn implizierende Wir-Form, so spricht man von einem *Ich-Erzähler*. Dieser kennt nur die Perspektive dieser einen Figur und ist räumlich wie zeitlich an sie gebunden.

Oder er lautet:

> Die holprigen Straßen der dunkelnden Städte <u>waren</u> im Abend geduckt, eine Hundeschar <u>war</u> im Hohlen bellend.

Zunächst möchte ich anmerken, dass sich der zweite Teil des Satzes nur sehr schwer umwandeln lässt.

Eigentlich bereitet er mir sogar Bauchschmerzen.

Viel lieber würde ich schreiben: eine Hundeschar bellt/bellte im Hohlen.

Aber für die Erklärung geht es nicht anders.

Entscheidend ist letztlich, dass wir hier sehr wahrscheinlich ebenso von einer Vergangenheitsform ausgehen können, wie sie sich in den nachfolgenden Sätzen zeigt.

Als *Inversion* bezeichnet man das rhetorische Mittel der Satzumstellung. Es wird die als normal empfundene Abfolge der Wörter verändert:

Ich lese das Buch der Mutter.

Der Mutter Buch lese ich.

Eine *Ellipse* oder auch elliptische Verkürzung meint das Weglassen von Wörtern oder Satzteilen:

Woher stammt das Buch?

Woher das Buch?

Inversion und Ellipse gehören zu den häufig genutzten Stilmitteln in lyrischen Texten und kennzeichnen für uns sehr stark den ‚lyrischen Ton‘ oder die ‚lyrische Sprache‘.

Der gesamte Text stünde dann also in einer Art Erzählform.

Das lyrische Ich, das sich durch diese Beobachtung als Erzähler zu erkennen gibt, scheint etwas aus seiner Vergangenheit zu berichten.

Ob diese Vergangenheit weit zurückliegt oder ob das Geschehen zeitnah zur ‚Erzählung‘ stattfand, ist unerheblich.

Wir müssen aber fragen:

Warum werden durch die Ellipse die Verben entfernt, die die Zeitform angeben? Und macht es einen Unterschied, ob sie da sind oder nicht?

Da stellen Sie wieder zwei sehr gute Fragen!

Ich weiß nicht, wie es Ihnen geht. Aber je länger ich darüber nachdenke, umso mehr macht es für mich einen ausgesprochen großen Unterschied.

In dem Moment, in dem das Verb wieder hinzutritt, wird meiner Meinung nach die Erzählform sofort deutlich. Das gesamte Geschehen wird so von Beginn an in die Vergangenheit gesetzt. Mein Assoziationsbild ändert sich dadurch grundlegend. Es begänne nun mitten in der Stadt, weil ich die Zeitform mit dem nachfolgenden, ‚erzählenden' „wir" des Folgesatzes in Verbindung brächte. Aus...

Die holprigen Straßen der dunkelnden Städte <u>waren</u> im Abend geduckt, eine Hundeschar <u>bellte</u> im Hohlen. <u>Und</u> über den Brücken <u>wurden wir</u> große Wagen gewahr ...

... würde in meinem Kopf folgendes werden:

<u>Wir sahen, dass</u> die holprigen Straßen der dunkelnden Städte im Abend geduckt <u>waren</u>, eine Hundeschar <u>bellte</u> im Hohlen <u>und</u> über den Brücken <u>wurden wir</u> große Wagen gewahr ...

Mein Blick wäre also sofort an die Figur geheftet, die sich ja nachweislich in der Stadt befindet.

Dieser Eindruck würde auch noch durch das einleitende „Und" des zweiten Satzes bestärkt, das einen Anschluss in Form einer Aufzählung zum vorherigen Satz anzeigt.

Die Ellipse führt also dazu, dass ich das Gefühl habe, im ersten Satz würde die Umgebung nicht erzählt, sondern wie in einer Art Protokoll, wie in Form einer Beschreibung festgehalten.

Daher stammt auch der oben benannte Abstand zur Figur. Denn in einem Protokoll nimmt sich der Protokollant zurück und tritt nicht wertend auf.

Zusammengefasst entsteht der Abstand zur Figur des lyrischen Ich also durch die elliptische Verkürzung des ersten Satzes.

Diese Verkürzung zeigt sich im Verzicht auf das Verb, das eigentlich für die Bestimmung der Zeitform relevant ist.

So entwickelt sich der Stil eines Protokolls, der ebenfalls für einen Abstand zur Figur spricht.

Hinzu kommt, dass mein Blick durch die Inversion (die Umstellung der Satzglieder) zuerst auf die Städte bzw. die Stadtsilhouette gelenkt wird, um anschließend gleich weiter zur Straße zu ‚wandern', die in die Stadt hinein führt.

Auch dies spricht eher für einen Abstand zur anschließend auftauchenden Figur des lyrischen Ich.

Es ist ein wenig wie die einleitende Szene eines Films.

Sie bekommen einen Eindruck von der Atmosphäre des Films – in meinem Fall von einer bedrohlichen Stimmung – bevor es richtig losgeht.

Erst mit dem Zoom beginnt das eigentliche Geschehen.

Die Bedrohung wird durch die Schatten konkreter.

Und die Perspektive nah am lyrischen Ich wird dann erst über den Anschluss an das Folgebild eingenommen – gekennzeichnet durch das satzeinleitende „Und".

Ausgehend von diesen Überlegungen lässt sich auch zum Teil die Intensität meiner emotionalen Reaktionen erklären.

Dieser Aspekt liegt zwar ein wenig im Verborgenen, ist aber wichtig.

Und deshalb wollen wir ihn aufdecken.

Ausgangspunkt sind die unterschiedlichen Abstände zur Figur des lyrischen Ich.

Da das Gedicht aufgrund der verwendeten Personalpronomen weitgehend nah an diesem dran bleibt, entsteht für mich eine Art Verbundenheit mit ihm.

Ich als Leser schlüpfe in die Rolle dieses lyrischen Ich und bewege mich mit ihm durch eine Stadt, zu der ich sonst keinen Zugang hätte.

Allein diese Form der Identifikation lässt bereits eine hohe emotionale Nähe zu.

Verstärkt wird diese dann noch durch mein Vorwissen und meine Erfahrungen.

Beide prägen das Aussehen der Assoziationsbilder.

Im Grunde drücke ich der Stadt meinen Stempel auf und gestalte sie ein großes Stück nach meinen Vorstellungen.

Ist die Stadt aber auf Basis meines Wissens gestaltet, dann ist sie mir auch sehr nah – und durch diese Nähe zu ‚meiner Stadt' wächst die beschriebene Bedrohung noch einmal an.

Ich setze also mit meiner Phantasie das in der Textstruktur angelegt Bedrohungspotenzial so um, dass meine Assoziationsbilder dieser Bedrohung ein Aussehen geben, welches meiner Idee von einer bedrohlichen Atmosphäre in und außerhalb einer unheimlichen Stadt entspricht.

Der Text verbindet sich mit meinen Ängsten und umgekehrt verbinden sich meine Ängste mit dem Text.

Durch die Nähe zum lyrischen Ich bin ich als Leser emotional beteiligt.

Es bleibt also festzuhalten, dass sowohl die Textstruktur als auch die daraus entstehenden Assoziationsbilder sehr starken Einfluss auf die emotionale Verbundenheit mit dem Beschriebenen nehmen können.

Die empfundene Bedrohung entwickelt sich demnach nicht allein aus dem Inhalt des Textes, sondern das Gedicht lenkt auch mit seiner Oberflächenstruktur ganz gezielt den Blick des Lesers, um ihn emotional zu beteiligen.

Deswegen ist es wichtig, dass wir uns die Mühe einer solchen Analyse machen.

Denn sonst würden wir die Wirkung nicht erklären können.

Am Ende dieser ersten Zusammenfassung bleiben noch zwei Fragen offen.

Die erste ist, ob es sich bei der wahrgenommenen Bedrohung in TB1 um die Hunde handelt oder um etwas anderes.

Sie lässt sich an dieser Stelle noch nicht beantworten.

Denn fraglich ist in diesem Zusammenhang, ob ich die Hunde tatsächlich vorausahnen kann, wenn ich das Gedicht zu lesen beginne.

Beim ersten Lesen auf keinen Fall.

Nach mehrmaligem Lesen hingegen schon.

Aber – wenn ich mir vorstelle, ich würde in dem ersten Textbild verharren, dann merke ich, dass dieses bedrohlich bleibt.

Die dort beschriebene Stimmung ist und bleibt unheimlich.

Und auch der plötzliche Zoom in die Stadt hinein erschreckt mich immer wieder.

Die Hunde scheinen ihr eigenes Bedrohungspotenzial zu besitzen.

Die zweite offene Frage fasst das Ducken der Straße(n) ins Auge.

Was macht ihnen solche Angst?

Wären es die Hunde, dann müssten sich die Straßen vor allem in deren Nähe ducken.

Aber in meiner Vorstellung ducken sie sich bereits außerhalb. Es muss also noch eine andere Bedrohung existieren und ich muss diese nachweisen.

Denn Sie wissen ja – nur was mit dem Text zu belegen ist, kann Gültigkeit haben.

Deshalb nehmen Sie sich die Zeit, Ihre bisherigen Ergebnisse zusammenzufassen und noch einmal zu überdenken. Bleiben Fragen offen? Oder können Sie ihre Wahrnehmungen einleuchtend erklären?

TB3:

„Und über den Brücken / Wurden wir große Wagen gewahr, / Zitterten Stimmen, vorübergewehte."

AB2:

Mein Blick geht von der Wand mit den Schatten der Hunde darauf schräg nach links oben. Dort befinden sich in unterschiedlicher Höhe Brücken zwischen hohen Häusern. Sie verlaufen quer zur Hauptstraße, an der ich noch immer stehe. Die Brücken sind recht hoch. Neben mir steht jemand. Ich nehme die Person nur aus dem Augenwinkel wahr und kann sie nicht beschreiben. Sie richtet wie ich den Blick nach oben. Ich kann auf der Brücke, die uns am nächsten ist, Autos erkennen – sie sehen wie kleine, alte Transporter aus. Gleichzeitig höre und sehe ich Stimmen. Sie liegen über der Brücke und machen sich durch eine Art Zittern der Luft bemerkbar, das durch den Fahrtwind der Wagen hervorgerufen wird. Dieser Fahrtwind ist es auch, der die Stimmen verweht. Dadurch sind sie nicht deutlich zu vernehmen, ich kann also keine Sätze oder Wörter verstehen.

AK2:

Das Geräusch von entfernt über mir fahrenden Kleintransportern lenkt mich ab. Ich höre ein Stimmengewirr. Die Stimmen sind nicht klar zu verstehen, sondern sie werden vorübergeweht und zittern, was sich daran zeigt, dass sie ein wenig lauter und leiser werden, so als wären sie zerstückelt. Insgesamt klingen sie eher wie ein Flüstern, das in der Luft liegt.

EM2:

Die Aufregung durch den vorherigen Zoom legt sich etwas. Aber das unheilvolle Gefühl einer Bedrohung flammt wieder auf. Dies liegt vor allem daran, wie ich mir die Stimmen vorstelle – sie wirken leise, klein und schwach. Einzig das Gefühl, nicht allein zu sein, sondern einen Bekannten bei mir zu haben, bringt etwas Beruhigung.

oF:

Woher kommt das Gefühl der Bedrohung jetzt, da ich von den Hunden abgelenkt bin? Hängt es mit dem Zittern der Stimmen zusammen, mit dem daraus resultierenden Flüstern?

Im Kapitel *Verstehen durch Hören* ergab sich durch die Akustik eine Konkretisierung meiner Beschreibungen.

Ich erkannte das Geräusch der Wagen als Ablenkung und damit als Grund, um von den Schatten fort nach oben zu schauen.

Nun sorgt wiederum die Konzentration auf meine emotionalen Reaktionen dafür, dass ich die Akustik ein Stück klarer fassen muss.

Das Stimmengewirr klingt in der Folge leiser und eher wie ein Flüstern.

Mein Eindruck einer undefinierbaren Bedrohung wird wieder stärker.

Allerdings gibt mir das Gefühl, einen Bekannten an meiner Seite zu haben, der diese Schrecken ebenfalls durchlebt, ein wenig Ruhe.

Ich fühle mich der Stadt nicht ganz allein ausgesetzt.

Offen bleibt allerdings erneut, woher die Bedrohung kommt, die ich unentwegt verspüre.

Da ich durch die Wagen von den Hunden abgelenkt werde, dürften diese als Grund für mein Unbehagen entfallen.

Denn die Bedrohung bleibt präsent – die Hunde jedoch nicht.

Liegt es vielleicht daran, dass ich die Stimmen als ein zitterndes Flüstern wahrnehme?

Wechselt sich die eine Bedrohung mit der nächsten ab?

Oder ... muss ich möglicherweise zwischen dem Gefühl der Bedrohung außerhalb und innerhalb der Stadt unterscheiden?

Denn das Flüstern und Bellen habe ich auf der Landstraße noch gar nicht hören können.

Lassen Sie uns diese Idee unbedingt im Hinterkopf behalten!

Denn zwischen innerstädtischer und außerstädtischer Bedrohungssituation zu unterscheiden, könnte spannend sein.

Wir werden meine nachfolgenden Ergebnisse daraufhin untersuchen.

TB4:

„Und runde Augen sahen uns traurig an"

TB5:

„Und große Gesichter, darüber das späte / Gelächter von hämischen Stirnen rann."

AB3:

Noch immer habe ich das letzte Bild der Brücken mit den Wagen und Stimmen vor Augen. Plötzlich wird ein Paar großer, runder Augen sichtbar – sie tauchen langsam auf wie eine Einblendung. Die Augen schauen traurig auf die Person neben mir und auf mich herab. Wir senken unseren Blick, die Augen geraten aus dem Sichtfeld und ich nehme auf dem Bürgersteig vor uns eine Menschenmenge wahr. Die Menschen sehen aber irgendwie anders aus. Sie haben im Vergleich zum Körper beinahe übergroße Köpfe. Die Körper sind auch kaum sichtbar. Irgendwie verschwinden sie unter den viel zu großen Köpfen. Die Menschen bewegen sich als Masse wie im Gleichschritt auf uns zu. Ihre Gesichter deuten eine bösartige Freude an – die Münder lachen nicht, aber die Gesichtszüge zeigen die Merkmale von ‚bösem Lachen' – die Stirn ist kraus gezogen.

AK3:

Ich höre noch immer die Akustik des vorhergehenden Assoziationsbildes – die Wagen und die Stimmen. Durch die Einblendung der Augen entsteht kein neues Geräusch. Mit Änderung der Blickrichtung nach unten, wird die Geräuschkulisse leiser bis sie schließlich ganz verstummt. Es treten keine neuen Klänge hinzu. Die Menschenmasse vor uns bleibt lautlos.

EM3:

Durch die aufscheinenden, traurigen Augen verstärkt sich mein ungutes Gefühl und ich senke den Blick wieder nach unten. Die Menschen vor uns wirken durch ihren Gleichschritt wie Gefangene, die aneinander gekettet sind. Ihre Gesichter machen einen hämischen, bösen Eindruck. Sie haben etwas Dämonisches, etwas Unechtes an sich, so als wären sie, anders als mein Begleiter und ich, keine wirklichen Menschen.

oF:
Worüber haben die Menschen so hämisch gelacht? Wissen sie etwas, das wir nicht wissen? Ist es in dieser Stadt leiser und unwirklicher als in einer ‚normalen' Stadt? Wem gehören die traurigen Augen und warum schauen sie so traurig?

Am Ende dieses Assoziationsbildes steht eine Menge an offenen Fragen. Leider beantwortet sie der Text nicht wirklich.

Ich müsste spekulieren, um beispielsweise sagen zu können, weshalb die Menschen hämisch gelacht haben oder was sie wissen und was nicht.

Spekulationen helfen uns aber nicht weiter, wenn wir Texte untersuchen.

Wir müssen mit dem arbeiten, was uns das Gedicht vorgibt und das ist in diesem Fall nicht viel.

Deshalb ziehen wir eine weitere Informationsquelle zu Rate, die wir uns ganz am Anfang erarbeitet haben – die wissenschaftlichen Erkenntnisse über die Entstehungszeit des Gedichts.

Dank der Vorarbeit vieler Literaturhistoriker wissen wir so einiges über den Expressionismus und über die verschiedenen Ausprägungen dieser Strömung.

Wir müssen also nicht ‚wild herum spekulieren', sondern wir können (beruhend auf literaturhistorischen Erkenntnissen) ‚begründete Vermutungen' anstellen.

So lassen sich nämlich einige der Fragen beantworten.

Nehmen wir uns also noch einmal unser Wissen zum Expressionismus und zur Darstellung der Großstadt vor.

In der Einführung hieß es, dass die Stadt einerseits positiv als Inspirationsraum andererseits aber auch negativ als Überforderung erlebt wurde. Es war die Rede von Vermassung, Anonymität und Reizüberflutung.

Wenden wir dieses Wissen nun auf unser Gedicht und insbesondere auf die zweite Strophe an, so scheinen einige Dinge klarer zu werden.

Zunächst einmal könnte der hämische, böse, ja beinahe dämonische Eindruck, den die Menschen auf mich machen, eine Folge der negativen Auswirkungen des städtischen Lebens sein.

Wer in der Großstadt lebt, der geht kaputt.

Er wird entmenschlicht, was so viel bedeutet wie: Er verliert sich selbst und wird zu einem Ding.

Dies würde auch erklären, weshalb ich die Bewohner dieser Stadt als ‚unecht‘ empfinde – sie sind keine ‚echten‘ Menschen mehr.

Und es erklärt, weshalb sie mir in einem Gleichschritt wie Gefangene erscheinen.

Denn nur dies kann man in einer expressionistischen Großstadt sein – ein Gefangener.

Als Resultat dieses Gefangenseins verliert die hier beschriebene Stadt eine Lebendigkeit, die Großstädten oft als ‚buntes Treiben‘ eigen ist.

Und deshalb wirkt Heyms Stadt so unwirklich, düster und leer.

Deshalb ist es hier so still.

Sie hat den Menschen zu einem Ding gemacht, ihm ein Stück weit das Leben genommen, ihn dämonisiert mit seinem großen Gesicht.

Er ist ihr ausgeliefert, sie hält ihn gefangen.

Mein Begleiter und ich hingegen sind lebendig.

Wir scheinen dieses Schicksal noch nicht zu teilen.

Aber wie lange bleibt das so?

Auch uns könnte es bald wie den unheimlichen Gestalten vor uns ergehen.

Und vielleicht haben diese deswegen so hämisch gelacht.

Sie wissen, was uns blüht.

Sie wissen, dass auch wir bald so sein werden wie sie.

Es ist also eine Schadenfreude darüber, dass auch uns nicht gelingen wird, was ihnen zuvor nicht gelang – die Flucht.

Niemand kann dieser Stadt entkommen, es trifft jeden.

Auch die aufscheinenden, traurigen Augen könnten zu dieser Erkenntnis gekommen sein.

Ihnen könnte bewusst sein, dass wir ebenso entmenschlicht werden wie die Masse vor uns.

Doch für mich bleibt noch immer die Frage offen, zu wem sie gehören.

Vielleicht ergibt sich die Antwort am Ende, wenn wir das gesamte Gedicht bearbeitet haben.

Ihnen hingegen fällt die Antwort vielleicht leichter. Denn wenn die Augen in Ihrer Vorstellung zu den Menschen in der Stadt gehören (möglicherweise zu denen auf der Brücke), dann könnten Sie sagen, dass es dort solche Menschen gibt, die traurig über etwas sind und solche, die über etwas hämisch lachen.

Aber – Sie müssen auch erklären, was dieses Etwas ist, das die Traurigkeit und hämische Freude auslöst. Und um dies zu tun, können Sie meinen gerade angestellten Überlegungen folgen, oder eine eigene Idee entwickeln.

Hauptsache ist, dass Sie Ihren Zugang mit dem Text und Ihrem Wissen belegen.

Sie sehen hoffentlich, wie fruchtbar und hilfreich es ist, wenn man sich ein wenig mit dem Entstehungskontext des Gedichts auseinandersetzt.

Wissenschaftliche Erkenntnisse sollen uns eine Stütze sein, sie sollen uns eine weitere Quelle des Wissens eröffnen, um ein Gedicht aus dem Rahmen seiner Zeit heraus besser zu verstehen.

Aber sie sollen Ihnen die ‚Arbeit' nicht abnehmen!

Denn jedes Gedicht ist in erster Linie ein Text, den Sie lesen. Ein Text, der sich Ihnen eröffnet und der mit Ihnen ganz persönlich kommuniziert.

Lassen Sie sich dabei von niemandem sagen, was Sie fühlen, hören oder sehen dürfen – oder gar sollen. Lassen Sie sich lediglich dazu herausfordern, diese Eindrücke am Text zu belegen. Und nehmen Sie sich dafür die Quellen der Literaturwissenschaft zur Unterstützung.

So.

Und jetzt möchte ich zum Gedicht zurückkommen.

Und auf einen anderen Gedanken, der mir einige Seiten weiter oben kam.

Wir haben doch bei der Untersuchung des Textklanges festgestellt, dass sich die zweite Strophe von allen anderen unterscheidet.

Weil hier ein Kreuzreim auftaucht.

Ansonsten dominiert der unterbrochene Reim das Gedicht.

Meine Schlussfolgerung lautete, dass dies ein Zeichen für eine Sonderstellung der zweiten Strophe sein könnte.

Und ich vermutete, dass es etwas mit den dort – und zwar nur dort – beschriebenen Menschen bzw. Bewohnern der Stadt zu tun habe.

Diese Annahmen lassen sich nun belegen – dank der Beobachtung meiner emotionalen Reaktionen auf das folgende Assoziationsbild:

Zoom

TB6:
„Zwei kamen vorbei in gelben Mänteln,"

Zoom

„Unsre Köpfe trugen sie vor sich fort / Mit Blute besät, und die tiefen Backen / Darüber ein letztes Rot noch verdorrt."

AB4:
In meiner Vorstellung gibt es eine Teilung der Menschenmasse, die sich vor meinem ‚unbekannten Bekannten' und mir aufgebaut hat. Die Menge öffnet sich und ich nehme zwei Menschen in quietschgelben Regenmänteln wahr, die sich auf uns zu bewegen. Durch einen Zoom blicke ich ausschließlich auf die Mäntel. Die Köpfe der beiden sehe ich nicht. Stattdessen fällt mir auf, dass sie den Kopf meines Begleiters und meinen eigenen vor ihrer Brust tragen. Es kommt zu einem zweiten Zoom und ich sehe die Köpfe nun direkt vor mir. Auf den Köpfen sind Blutspritzer. Die Köpfe selbst haben noch ein Stück Hals darunter. Es sieht aus, als wären sie abgeschlagen worden. Deshalb ist an der Schnittstelle des Halses wesentlich mehr Blut, das nicht mehr tropft, aber frisch zu sein scheint. Die Wangen sind eingefallen und werden langsam blass.

AK4:
Hier höre ich nichts.

EM4:
Die Farbe der Mäntel zieht meine gesamte Aufmerksamkeit auf sich, weil sie in dieser düsteren Stadt wie ein Warnschrei wirkt. Den eigenen Kopf in den Händen dieser Mantelträger zu sehen, empfinde ich als Warnung vor einer großen Gefahr – wenn wir die Stadt nicht verlassen, verlieren wir den Kopf! Durch die Stille dieses Moments wirkt die ganze Szene wie eine Vision, wie ein Blick in die Zukunft.

oF:
Ist dies die Bedrohung, die ich die ganze Zeit fühle?

Beginnen wir mit meinem Versprechen, Ihnen die These über die Besonderheit der Klangstruktur der zweiten Strophe zu belegen.

Unsere Überlegung war, dass die Bewohner der Stadt nur in Strophe II auftauchen, weshalb diese hervorgehoben wird.

Sie haben jedoch – sehr klug und sehr richtig – sofort auf die dritte Strophe verwiesen und gefragt, was mit den „Zwei [...] in gelben Mänteln" sei.

Und hier setzt nun meine Begründung an:

Durch die Beobachtung meiner Gefühlsregungen wuchs die Erkenntnis, dass es sich bei dem Geschehen in der dritten Strophe um eine Vision handelt.

Und wenn dem so ist, dann sind die Zwei keine greifbaren Bewohner dieser Stadt, sondern sie sind Teil einer Vision, die mein Bekannter und ich anscheinend gemeinsam erleben.

Hier wird uns unsere Zukunft gezeigt. Das ist unser Schicksal!

Und diese Wahrnehmung ist so intensiv, dass sich sogar die Zeitform ändert, denn das Rot ‚verdorrte' nicht, sondern es „verdorrt".

Ein weiterer Hinweis der Textstruktur, dass Strophe III keine ‚echten' Menschen beschreibt.

Alle gefühlte Bedrohung, ob in der Stadt oder außerhalb, scheint sich in dieser Vision zu verbildlichen.

Wenn aber alle Bedrohungen – innen wie außen – auf diesen Moment hinaus laufen, dann muss gelten:

Bleiben wir in der Stadt, verlieren wir den Kopf.

Verlassen wir die Stadt, verlieren wir den Kopf.

Wie kann das sein?

Und stimmen die Bedrohungen nun tatsächlich überein oder nicht?

Schon weiter oben habe ich angedeutet, dass es nach meiner Lesart zwei Arten der Bedrohung geben muss.

Eine, die sich außerhalb der Stadt befindet und eine, die sich innerhalb der Stadt befindet.

Um Ihnen dies verständlich zu machen, springen wir gedanklich noch einmal an den Anfang des Gedichts.

Meine Ausgangsposition ist die Normalperspektive mit Abstand zur Figur.

Außerhalb der Stadt nehme ich also, um mit einer erzählanalytischen Begrifflichkeit zu sprechen, die Position einer Art allwissenden Erzählers ein.

Das heißt, ich spüre hier einer Gefahr vor, die sich außerhalb der Stadt befindet und die meinem figuralen lyrischen Ich in der Stadt sehr wahrscheinlich noch nicht bewusst ist.

Denn hätte es davon Kenntnis, würde es im daran folgenden Anschlussbild nicht versuchen, nach draußen zu fliehen.

Als Leser mit Abstand zur Figur ist mir eine äußere Bedrohung also bereits bewusst, als Leser in der Figurenperspektive ist mir eher die innerstädtische Bedrohung nah.

Trotzdem vermute ich, dass beide in der Vision aufgehen.

Dadurch wird die dritte Strophe zum Erkenntniszentrum, um das herum sich die Bedrohungen sammeln.

Nun ist die dritte Strophe auf den ersten Blick rein formal nicht unbedingt die zentrale Strophe des Gedichts (denn dieses hat vier Strophen und nicht fünf). Auch weist das Reimschema eher auf die Wichtigkeit der zweiten Strophe hin.

Und trotzdem lässt sich die eben aufgestellte Vermutung belegen.

Passen Sie auf!

Strophe drei ist umringt von Strophe zwei und vier.

In Strophe zwei wird der Fokus auf die Menschen in der Stadt gelegt. Hier geht es also darum, was das Stadtleben mit uns Menschen macht. Deshalb wird diese Strophe durch den Kreuzreim hervorgehoben.

Nach meinem Textverständnis tritt dann auch noch die Beschreibung der traurig schauenden Augen hinzu, die ebenfalls in irgendeiner Form besonders sein muss und deswegen hervorgehoben ist – aber dazu später.

Kommen wir erst einmal zur vierten Strophe.

Diese befasst sich hauptsächlich ... na ... genau: mit der außerstädtischen Natur, mit Fluss und Sonne.

Sie greift also etwas auf, das sich – nach meiner Lesart – außerhalb der Stadt befindet.

Genau wie der Inhalt des ersten Textbildes, womit wir zu Strophe eins gelangen. Diese ist nach meiner Meinung zweigeteilt.

Sie leitet mit der außerstädtischen Situation ein und wechselt anschließend durch den Zoom in die Stadt und damit in eine innerstädtische Situation hinein. Die auftauchenden Schatten der Hunde sind dann nach meinem Verständnis ein letztes Abbild von etwas Animalischem – also nicht Menschlichem.

Aber gleichzeitig sind sie eben auch ein Abbild von etwas nicht Städtischem.

Wie ein Nachhall der Natur. Wobei ‚Hall‘ hier sogar im doppelten Sinne verstanden werden kann.

Es liegt also eine Art Übergang zwischen innen und außen vor.

Ähnlich sehe ich das übrigens auch auf den ersten Satz der vierten Strophe bezogen. Die dort beschriebene Flucht hat einen innerstädtischen Startpunkt und eine außerstädtische Zielrichtung. Beides mischt sich in einem Satz und schafft erneut einen Übergang zwischen innen und außen.

Müsste ich nun die Wörter des Gedichts der städtischen Bedrohung, der Naturbedrohung sowie der Erkenntnisstrophe zuordnen und dabei auch noch die Übergänge markieren, würde ich zu folgendem Ergebnis gelangen:

Naturbedrohung
der, dunkelnden, Städte, holprige, Straßen, im, Abend, geduckt, doch, ein, Fluß, weißer, Wellen, der, uns, mit, bleckenden, Zähnen, gewehrt, und, hinter, uns, feurige, Abendsonne, tote, Straßen, jagte, mit, grausamem, Schwert

Stadtbedrohung
und, über, den, Brücken, wurden, wir, große, Wagen, gewahr, zitterten, Stimmen, vorübergewehte, und, runde, Augen, sahen, uns, traurig, an, und, große, Gesichter, darüber, das, späte, Gelächter, von, hämischen, Stirnen, rann

Erkenntnis
zwei, kamen, vorbei, in, gelben, Mänteln, unsre, Köpfe, trugen, sie, vor, sich, fort, mit, Blute, besät, und, die, tiefen, Backen, darüber, ein, letztes, Rot, noch, verdorrt

Überschneidung Stadt- und Naturbedrohung
eine, Hundeschar, im, Hohlen, bellend, wir, flohen, vor, Angst

So.

Das mag Ihnen jetzt kleinlich vorkommen, aber zählen Sie bitte einmal die Wörter, die sich deutlich der Stadt- oder der Naturbedrohung zuordnen lassen, aus.

Und?

Sehen Sie, ich war genauso überrascht wie Sie: Es sind jeweils dreißig Wörter.

Nun glaube ich nicht, dass sich Heym hingesetzt und die Wörter ausgezählt hat.

Aber es ist trotzdem ein Hinweis darauf, dass an meiner These der innerstädtischen und außerstädtischen Bedrohung etwas dran sein könnte.

Wenn wir jetzt den weiteren Text- und Assoziationsbildern nachgehen, dann halten wir den Blick dabei vor allem auf die Frage nach den Bedrohungen gerichtet.

Perspektivwechsel Vogelperspektive, Abstand zur Figur

TB7:

„Wir flohen vor Angst."

AB5:

Nun gibt es in meinem Assoziationsbild eine Art Standortwechsel. Der Betrachter – also ich als Leser – schaut aus der Vogelperspektive nach unten. Ich sehe meinen Begleiter und mich, wie wir auf einer Straße durch die Stadt rennen.

AK5:

Ich höre den Hall unserer Schritte, während wir fliehen.

EM5:

Ich spüre den Drang, rauszukommen, um nicht so zu werden, wie diese Menschen. Das Gefühl der Angst hallt nach, ist aber im Moment nicht vordergründig.

Ich habe dieses Textbild in den Bereich eingeordnet, der Natur- und Stadtbedrohung vermischt.

Interessant ist, dass ich mit dem Wechsel zurück zu den Bedrohungen der Natur auch wieder einen Abstand zur Figur einnehme.

Ich kann den Gefühlen der Figur – meinen Gefühlen – noch immer (nach)spüren.

Aber ich nehme durch die neue Vogelperspektive eine Position ein, die mir mehr Weitsicht erlaubt.

Die Nähe zum figuralen lyrischen Ich besteht für mich also in der Stadt und außerhalb der Stadt wird die Figur von mir aus einem Abstand heraus beobachtet.

Für das lyrische Ich ergibt sich als Rettung vor den bisher erlebten Stadterfahrungen nur der Weg hinaus in die Natur.

Es weiß noch nichts von der Gefahr außerhalb, die mir als ‚fernstehendem' Leser mittlerweile sehr bewusst ist.

TB8:

„Doch ein Fluß weißer Wellen / Der uns mit bleckenden Zähnen gewehrt."

AB6:

Wir erreichen den Rand der Stadt. Doch direkt am Ende dieser Straße gibt es einen reißenden Fluss, der auf seinen Strudeln kleine weiße Schaumkronen trägt. Als wir das Ufer erreichen, spritzt das Wasser hoch und fließt noch schneller und unberechenbarer. Hinter uns steht düster die Stadt mit ihrer schwarzen Straßenschlucht. Am Ufer des Flusses ist es etwas heller, obwohl das Wasser selbst auch eher dunkel aussieht.

AK6:

Der Nachhall unserer Schritte wird zunehmend übertönt von dem Rauschen des Flusses. Mit Erreichen des Ufers wird das Rauschen lauter, zu einem strudelnden Brausen. Ich höre das aufpeitschende Wasser und beinahe klingt der Fluss wie ein knurrender Hund. Die Klänge werden immer einnehmender, sie ‚überfluten' beinahe alles.

EM6:

Die Bedrohung außerhalb wird nun greifbar. Ein neues Gefühl der Angst tritt mit der Erkenntnis hinzu, dass wir hier nicht rauskommen werden.

Die Naturbedrohung offenbart sich hier zunächst in Form eines Flusses, der den bellenden Hunden nachempfunden „mit bleckenden Zähnen" unsere Flucht verhindert. Wie die Hunde am Beginn ist auch der rauschende Fluss am Ende laut und angsteinflößend.

Doch es kommt noch schlimmer:

Positionswechsel der Vogelperspektive

TB9:

„Und hinter uns feurige Abendsonne / Tote Straßen jagte mit grausamem Schwert."

AB7:
In meinem letzten Assoziationsbild verbleibe ich in der Vogelperspektive. Aber ich verändere die Position. Der Standort ist nun über dem reißenden Fluss. Ich sehe meinen Begleiter und mich am Ufer stehen und sich umdrehen. Die zuvor dunkle Straßenschlucht wird von einem Feuerstrahl erhellt. Ich sehe die Sonne dunkelrot und tiefstehend auf Höhe der Stadt. Der Feuerstrahl geht von ihr aus und jagt durch die Straße. Außer uns beiden gibt es keine Menschen zu sehen.

AK7:
Das Rauschen des Flusses wird nun mit dem Geräusch einer durch die Straßen schießenden Feuersbrunst vermengt. Es ist ohrenbetäubend.

EM7:
Zu der Angst und Verzweiflung tritt ein Gefühl der Ohnmacht hinzu.

Das Ende des Gedichts lässt mit der „feurigen Abendsonne" auch die letzte Hoffnung schwinden.

Weiter oben hielt ich fest:

Wir stehen mitten in einem akustischen und visuellen Inferno.

Wir sind diesen Naturgewalten ausgeliefert.

Wir werden ihnen oder der Stadt nicht entkommen, egal was wir versuchen.

Diese drei Sätze fassen zusammen, was bereits die Vision der dritten Strophe angekündigt hat – es gibt kein Entkommen. Die Stadt macht uns kaputt, sie macht uns kopflos.

Aber außerhalb der Stadt ist es nicht besser.

Dort wütet die ungebändigte, wilde Natur und es sieht so aus, als wolle sie sich ihren von der Stadt besetzten Raum zurückholen.

Ich möchte sogar so weit gehen und behaupten, dass die vom Menschen geschaffene Zivilisation der Natur nicht gewachsen ist. Obwohl die Zivilisation in Form der Stadt eigentlich als sogenannte Errungenschaft des überlegenen, menschlichen Intellekts gilt.

Dies würde auch die offene Frage vom Anfang klären:

Weshalb sind „Der dunkelnden Städte holprige Straßen / Im Abend geduckt"?

Die Antwort:

Sie fürchten sich vor der „feurigen Abendsonne", die sie „mit grausamem Schwert" jagt.

Dass es sich dabei um „tote Straßen" handelt, kann sowohl ein Hinweis auf die Leere und Entmenschlichung in der Stadt sein als auch auf das zukünftige Schicksal der Straßen.

Es geht nach meinem Verständnis also letztlich um den Kampf zwischen der Natur und der Zivilisation – wobei letztere in Form der Großstadt dargestellt ist.

Dabei wird die Stadt als ein düsterer und entmenschlichender Ort beschrieben. Und deshalb hat sie es gemeinsam mit den in ihr gefangenen und dämonisch wirkenden Bewohnern auch gar nicht verdient, weiter zu existieren.

So.

Ich denke, es ist Zeit für eine Pause.

Zeit, um sich selbst und die vielen Ideen zu sortieren.

Denn ehrlich gesagt, werde ich ziemlich traurig, wenn ich mir das alles so vorstelle.

Die Stadt ist ein düsterer, angsteinflößender Ort.

Ihre Bewohner werden zu einer Art willenloser Zombies – böse und gemein.

Und selbst wenn man ihr entkommen wollte ... es gibt kein Entrinnen!

Denn draußen jagt die Natur, den Menschen, den Erschaffer dieser seelenlosen Stadt, den sie wie die Stadt selbst vernichten muss.

Ich lese das Gedicht immer wieder mit diesem Wissen im Hinterkopf.

Dass es kein Entkommen gibt.

Dass die Stadt einen entmenschlicht.

Und irgendwie tun mir das lyrische Ich und sein Begleiter leid.

Vielleicht bin ich durch die Figurenperspektive einfach zu nah an ihnen dran?

Habe ich Mitleid, weil ich ihre Erlebnisse so sehr mitgefühlt habe?

Traurig.

Wirklich traurig, was die beiden durchmachen.

So hoffnungslos.

...

....

.....

Hm.

Moment mal.

Die beiden tun mir leid?

Dann lese ich den Text doch gerade mit ... traurigen Augen ... oder?

Jetzt, wo ich das Gedicht besser kenne, kennt mein Vorwissen auch den Ablauf des Geschehens! Wäre das wohlmöglich eine Erklärung für das letzte noch fehlende Puzzleteil in meiner Deutung?

Sie erinnern sich doch sicher daran, dass in meinem Assoziationsbild die traurigen Augen nicht zu den Stadtbewohnern gehören. Sie erscheinen plötzlich und zwar in derjenigen Strophe, die die Entmenschlichung in der Stadt thematisiert.

Bisher habe ich dafür noch keine Erklärung.

Aber was wäre denn, wenn es meine eigenen Augen sind, die hier symbolisch auftauchen?

Als allwissender Leser habe ich mit jedem Leseprozess zunehmend die Erkenntnis gewonnen, dass jeder Mensch auf ewig ein Gefangener ist: Außerhalb der Zivilisation (in Form der Stadt) kann er nicht überleben, weil ihn die Natur jagt und innerhalb der Zivilisation wird er entmenschlicht und zu einem leblosen Objekt verwandelt.

Durch die Figurenperspektive bin ich als Leser nah am lyrischen Ich.

Ich identifiziere mich die ganze Zeit schon mit ihm und habe das Gefühl, ich würde mir selbst meine eigene Geschichte ‚erzählen', mir selbst zusehen.

Dadurch entstünde ein ewiger Kreislauf, der nicht durchbrochen wird. Das Geschehen wiederholt sich mit jedem Lesen und jedem Leser immer und immer wieder. Denn es gibt keinen Zufluchtsort, um den Bedrohungen zu entkommen.

Wir sind verloren!

Und diese traurige Erkenntnis nehmen die traurig schauenden Augen schon vorweg. Es sind möglicherweise die Augen des allwissenden Lesers. Jedenfalls nach meinem Textverständnis.

Das macht ja alles noch trauriger!

Aber so ist das mit den expressionistischen Texten.

Sie fassen etwas in Worte, das mich als Leser so verzweifeln lassen kann, dass sich bei mir im besten Fall Widerstand gegen dieses Etwas regt.

Mein Blick ist nun geschult für die Unmenschlichkeit der Stadt. Ich kann etwas dagegen tun! Ich kann etwas verändern, die Stadt und mein Leben darin besser machen!

Und wenn ich das tue, durchbreche ich den Kreislauf. Dann verwandelt sich die Unentrinnbarkeit aus dieser Situation zu einer Geschichte und damit wird auch klar, weshalb das Gedicht in der Erzählform steht.

Tun auch Sie nun noch einmal etwas!

Fassen Sie Ihre Aufzeichnungen zusammen, entwerfen Sie Ihr eigenes Textverständnis, lassen Sie Struktur und Vorwissen Ihre Beweismittel sein und seien Sie am Ende stolz darauf, dass Sie sich auf dieses Gedicht eingelassen und Ihren Leseprozess reflektiert haben!

Denn dann haben sie es geschafft.

Dann sind Sie bis an den Rand des Gedichts und darüber hinaus gereist!

8-Schritte-Wegweiser zum Gedichtverstehen

Ja wie denn nun?

Na sowas. Da habe ich doch tatsächlich am Ende des letzten Kapitels behauptet, Sie seien bis an den Rand des Gedichts und darüber hinaus gereist. Sind Sie das denn wirklich?

Ja.

So richtig wirklich?

Ja, so richtig wirklich!

Aber warum und wie?

Blättern Sie doch einmal Ihre Aufzeichnungen durch. Überlegen Sie, was Sie alles notiert und durchdacht haben. Wann haben Sie sich zuletzt so intensiv mit einem Gedicht befasst?

Wenn alles funktioniert hat, wenn Sie gesehen, gehört und gefühlt haben, dann konnten Sie an das bildnerische, akustische und emotionale Potenzial des Textes anknüpfen.

Sie haben den Text in einer gewissen Weise aktualisiert, indem Sie ihn mit Ihren Lebenserfahrungen verbanden und diese in Assoziationsbildern lebendig werden ließen.

Aber nicht nur das, Sie haben sich auch bewusst gemacht, dass Ihre Assoziationsbilder nicht mit den Textbildern gleichzusetzen sind – dass Sie beide hinterfragen müssen.

Und hier reisen Sie über den Rand des Gedichts hinaus.

Indem Sie die Textstrukturen und Ihren Zugang dazu in den Blick nehmen, lassen Sie das unreflektierte Wahrnehmen des Gedichts hinter sich und lernen zugleich etwas über sich selbst. Nämlich darüber, wie Sie Gedichte lesen, was diese in Ihnen berühren und welche Strukturen dafür verantwortlich sind.

Dabei haben Ihnen hoffentlich auch die literaturhistorischen Informationen geholfen, die wir uns am Beginn angeeignet haben.

Und wenn dem so ist, dann haben Sie auch erkannt, wie wichtig es ist, etwas über den Entstehungskontext eines Gedichts zu wissen.

Für eine weitere Untersuchung, die in einer Gedichtinterpretation zweiten Grades münden könnte, würde es sich anbieten, die bisherigen Erkenntnisse weiter zu durchdenken.

Zum Beispiel haben Sie an die verschiedenen Potenziale des Textes angeknüpft. Sie haben diese vor dem Hintergrund Ihres Wissens mit eigenen Erfahrungen und Vorstellungen ausgefüllt.

Nun würde es sich, von den persönlichen Assoziationsbildern ausgehend, anbieten, diese Potenziale zu benennen.

Denn es handelt sich hier um Potenziale, die den jeweiligen Text auszeichnen.

Bezogen auf Heyms Gedicht hätten wir zum Beispiel das bildnerische Potenzial für eine dunkle Stadt, das akustische Potenzial für Hundegebell, das emotionale Potenzial für Furcht ... usw.

Haben Sie diese verschiedenen Potenziale erkannt, dann können Sie weitergehend darüber nachdenken, wie diese Potenziale mit den literaturhistorischen Hintergrundinformationen zusammenpassen.

Und davon ausgehend gelangen Sie zur *Interpretation zweiten Grades*.

Aber lassen Sie mich Ihnen nun abschließend einen kleinen Fahrplan an die Hand geben, der Ihnen Leitschnur im Dickicht der Gedichtuntersuchung sein kann.

8-Schritte-Wegweiser

Schritt 1

Der erste Schritt bei jeder Gedichtuntersuchung ist selbstverständlich, das Gedicht zu lesen. Und zwar mehrmals. Leise und laut. Und währenddessen können Sie sich bereits Notizen machen. Zu Ihren ersten Eindrücken und zu Fragen oder Unklarheiten, die sich für Sie ergeben. Vielleicht haben Sie aber auch schon eine Idee, worum es in dem Text gehen könnte?

Schritt 2

Nachdem Sie sich mit dem Text vertraut gemacht haben, verschaffen Sie sich am besten einen kurzen Überblick zum Autor und zum Entstehungskontext.
Lässt sich der Autor einer Strömung oder Epoche zuordnen? Falls ja: Was zeichnet diese literaturhistorisch grob aus? Falls nein: Was ist über den Autor und seine Themen- oder Motivwahl bekannt? Liegen geschichtlich bedeutsame Ereignisse rund um das Entstehungsdatum? Wie war die Stimmung in Politik und Gesellschaft?

Schritt 3

Notieren Sie sich die Subjekte der Sätze!
Es ist sehr wichtig, dass Sie diesen Schritt zu Beginn Ihrer Untersuchung machen, um wirklich sicher zu sein, dass Sie nachvollziehen können, wer etwas tut. Vergessen Sie dabei nicht, dass neben Personalpronomen oder Substantiven auch Teilsätze ein Subjekt sein können. Diese müssen deswegen aber nicht zwingend eine eigene Handlungsinstanz sein!
In dem Satz – „Sie zu sehen, bekümmert ihn." – lautet das Subjekt „Sie zu sehen".
Wer oder was bekümmert ihn? – „Sie zu sehen".
Wir haben hier also ein Subjekt, das handlungsauslösend ist (es löst die Bekümmerung aus), das jedoch nicht selbst handelt. Die Handlung ‚bekümmert sein' bezieht sich stattdessen auf das Objekt des Satzes – „ihn".
Oder anders gesagt: Er ist bekümmert, weil er sie sieht.
Wichtig ist, dass Sie in solchen Fällen überlegen, worin der Mehrwert einer solchen Konstruktion liegt.
In diesem Fall könnte man anführen, dass durch die Wahl des satzförmigen Subjekts der Fokus stärker auf den Umstand als auf die Handlung gelegt wird. Es tritt also stärker hervor, dass, sie ‚zu sehen', ihn bekümmert. Während in der umgestellten Form der Blick eher auf darauf gerichtet wird, dass er ‚bekümmert ist'.

Entscheidend ist letztlich, dass Ihnen erstens bewusst ist – es gibt satzförmige Subjekte und diese Subjekte sind keine handelnden Figuren.

Und dass Ihnen zweitens überhaupt klar wird, wer oder was etwas im Gedicht tut.

Schritt 4

Bevor Sie nun die Bilder des Textes untersuchen, erinnern Sie sich noch einmal daran, dass Sie in die Rolle des lyrischen Ich schlüpfen.

Also nicht Sie oder gar der Autor erlebt etwas! Sondern Sie begeben sich in eine Rolle, die das Gedicht Ihnen anbietet und die Sie ausfüllen. Deswegen können Sie in Ihren Assoziationsbildern verschiedene Perspektiven einnehmen – nah am lyrischen Ich oder weit entfernt davon.

Schritt 5

(5.1) Überlegen Sie, wie Sie den Text am besten einteilen können, um sich auf die Suche nach Textbildern zu machen. In unserem Beispiel sind wir Satz für Satz vorgegangen. Sollte Ihr Gedicht aus mehreren Sätzen bestehen, kann dies also ein guter Ansatz sein.

Aber manchmal geht das nicht, weil ein Text nur aus einem einzigen, langen oder kurzen Satz besteht. Oder es gibt keine Satzzeichen.

In solchen Fällen lohnt es sich zunächst, eine Segmentierung in Strophen oder Versen vorzunehmen. Im Anschluss können Sie immer noch entscheiden, ob Sie den Text nicht doch anders unterteilen, weil Ihre Textbilder sonst unnötig zerstückelt werden.

Haben Sie sich schließlich für eine Einteilung entschieden, versuchen Sie, die Textbilder zu identifizieren. Dabei können Sie zunächst einmal grob nach Gefühl vorgehen. Die Feinarbeit leisten Sie im Anschluss, wenn Ihre Textbilder mit den Assoziationsbildern abgeglichen werden.

Aber natürlich können Sie es auch so machen, wie wir es getan haben – indem Sie Text- und Assoziationsbild parallel abgleichen. Sie sollten immer so vorgehen, wie Sie es am einfachsten nachvollziehen können.

(5.2) Nun geht es um die Assoziationsbilder und um den Abgleich mit den Textbildern. Versuchen Sie herauszufinden,

was Sie vor Ihrem inneren Auge sehen,

warum Sie es sehen

und inwiefern sich das Assoziationsbild vom Textbild unterscheidet.

Am besten halten Sie zunächst einfach alles fest, das Sie ‚sehen‘. Anschließend gehen Sie Schritt für Schritt Ihre Notizen durch und machen den Vergleich – was gibt das Textbild her, was sehen Sie tatsächlich?

Achten Sie auch darauf, ob sich Ihre Perspektive verändert. Ob sie also einmal näher oder weiter entfernt vom lyrischen Ich sind. Und überlegen Sie, was die Nähe oder Ferne zum lyrischen Ich jeweils bewirkt.

(5.3) Nachdem Sie Ihre Assoziationsbilder konkretisiert haben, sollten Sie diese untersuchen. Denn jedes Assoziationsbild hat eine ganz eigene Form, ein ganz eigenes Aussehen. Und Sie haben ja gelernt, dass die Beschaffenheit stark von Ihrem Vorwissen und Ihren Lebenserfahrungen abhängt. Nur weil Sie eine Stadt im Stil des Viktorianischen Londons sehen, heißt das nicht, dass deren Aussehen auch so im Gedicht beschrieben wird. Trennen Sie die Vorgaben des Gedichts von den Hinzunahmen Ihrer Lebenserfahrung und fragen Sie sich, warum Sie diese oder jene Ergänzung vornehmen.

(5.4) In diesem Schritt bringen Sie die Strukturen des Gedichts mit Ihren Assoziationsbildern in einen Zusammenhang. Achten Sie dabei u.a.

auf die Beschaffenheit von Sätzen (Satzglieder und deren Reihenfolge),

auf Attribute (Adjektive, Präpositionalattribute, Genitivattribute),

auf Satzzeichen,

auf die Anordnung des Textes (Strophen u. Verse),

auf die Wörter (würden Sie etwas anders formulieren) etc.

Am Ende empfiehlt es sich, eine kleine Übersicht zu entwerfen, in der Sie die Text- und Assoziationsbilder zusammenführen. Sie können dabei auch schon Strukturen notieren, die Ihnen aufgefallen sind. Dadurch entsteht Stück für Stück eine systematische Analyse des Gedichts.

Schritt 6

(6.1) Jetzt geht es um die Akustik. Nehmen Sie sich das Gedicht erneut vor und suchen Sie nach Wörtern, die direkt oder indirekt eine Akustik transportieren.

Direkte Akustik zeigt sich zum Beispiel in Wörtern wie ‚Knall‘, ‚quietschen‘ oder ‚laut‘.

Die indirekte Akustik steckt in Wörtern wie ‚Auto‘, ‚windig‘ oder ‚abwaschen‘. Hier schauen Sie nach Wörtern, die mit Hörbarem verbunden sind, ohne dass dieses Hörbare ausdrücklich benannt ist.

(6.2) Überprüfen Sie Ihre Assoziationsbilder auf die Akustik hin. Was hören Sie? Hören Sie mehr, als im Textbild beschrieben wird? Und fragen Sie sich, warum Sie dieses oder jenes hören! Sie werden merken, dass Ihr Vorwissen erneut eine wichtige Rolle spielt.

(6.3) Schauen Sie nach, ob die Akustik Ihre Aufmerksamkeit auf etwas lenkt. Ist sie zum Beispiel für einen Blickrichtungswechsel verantwortlich? Wie entwickelt sie sich über den gesamten Text hinweg? Gibt es ‚akustische Ballungen‘ – also Stellen mit viel Lärm?

(6.4) Lesen Sie den Text noch einmal laut! Achten Sie auf Reime oder auf das Fehlen solcher.
Wie sieht das Reimschema aus – ist es regelmäßig oder unregelmäßig?
Fällt eine Strophe durch ein ungewöhnliches Reimschema auf?
Wie liest sich der Text rhythmisch?
Haben Sie das Gefühl, dass an irgendeiner Stelle etwas nicht stimmt, dass sich etwas nicht ‚gut‘ liest?
Was immer Ihnen auffällt, spüren Sie dem nach und finden Sie heraus, warum es ungewöhnlich erscheint. Und wenn Sie es sich zutrauen, dann untersuchen Sie das Metrum. Vielleicht finden Sie ja eine Regelmäßigkeit oder eben eine Unregelmäßigkeit. Notieren Sie Ihre Ergebnisse am Ende und bringen Sie diese mit der schon erstellten Übersicht zu den Text- und Assoziationsbildern in einen Zusammenhang.

Schritt 7

(7.1) Schauen Sie, ob es im Text ausdrücklich oder indirekt benannte Emotionen gibt. Wörter wie ‚Liebe‘, ‚Angst‘, ‚traurig‘, ‚lachen‘, ‚weinen‘, ‚Wut‘, ‚sehnsüchtig‘ etc. deuten auf direkte Emotionen hin. Indirekte Verweise stecken in Formulierungen wie: ‚er senkte den Blick und schwieg‘ oder ‚sie strahlte ihn an‘.

(7.2) Was empfinden Sie beim Lesen des Gedichts – sind Sie traurig, fröhlich, berührt oder müssen Sie lachen? Verbinden Sie mit den einzelnen Assoziationsbildern unterschiedliche Gefühle? Wie entwickelt sich die Stimmung, die der Text transportiert – ist sie immer gleich oder verändert sie sich?
Notieren Sie die Gefühle und Stimmungen, die der Text in Ihnen auslöst. Gleichen Sie diese mit den Passagen ab, welche Sie im vorherigen Schritt

markiert haben – stimmen Ihre Wahrnehmung und die ‚Gefühlswörter' im Text überein?

Schauen Sie abschließend, ob sich Ihr Verständnis des Textes durch diese Fragen vertiefen lässt. Vielleicht erklärt sich dadurch etwas?

Bringen Sie nun Ihre Erkenntnisse mit den bisherigen Ergebnissen in einen Zusammenhang. Ordnen Sie die Emotionsnotizen den Text- und Assoziationsbildern sowie den akustischen Eindrücken zu.

Schritt 8

(8.1) Ordnen Sie alle Ihre Übersichten. Auf diese Weise entsteht eine Zusammenfassung der Gedichtanalyse. Beziehen Sie auch den Titel mit ein! Schauen Sie den Text erneut durch – gibt es noch unklare Stellen?

Falls ja, versuchen Sie, diese mit Ihren bisherigen Ergebnissen zu erklären. Wenn dies nicht funktioniert, versuchen Sie einige Schritte zu wiederholen. Ist die Stelle grundsätzlich unverständlich oder nur in einem bestimmten Zusammenhang? Ich bin sicher, Sie werden eine Lösung finden!

(8.2) Beantworten Sie abschließend die Frage: Worum geht es im Gedicht? Achten Sie dabei auf inhaltliche Aspekte – was wird direkt gesagt?

Fragen Sie sich aber auch: Was wird indirekt mitgesagt? Denn wenn die Stadt direkt als ein unheimlicher Ort beschrieben wird, dann steckt darin indirekt auch eine Warnung vor ihr.

Fragen Sie sich: Wenn ich davon ausgehe, dass der Text mir etwas vermitteln möchte, was könnte dieses Etwas sein? Was kann ich aus dem Gedicht lernen oder für mich persönlich herausziehen?

Und vergessen Sie bitte niemals – einen Zugang zu einem Gedicht zu finden, erfordert Zeit, Begeisterung und Übung, Übung, Übung.

Aber es lohnt sich, denn das Gedicht wird mit Ihnen sprechen!

Checkliste

Für alle, die zunehmend besser mit der Gedichtuntersuchung klarkommen, gibt es hier noch einmal die Checkliste in Kurzform zum Ausschneiden und einstecken:

Gedichtuntersuchung

1. Gedicht mehrmals lesen und Eindrücke notieren

2. Autor und Entstehungskontext

3. Subjekte notieren

4. Ich bin nicht das lyrische Ich!

5. Text- und Assoziationsbilder notieren und vergleichen

6. Lebenserfahrung und Gedichtvorgabe trennen

7. Text- und Assoziationsbild mit der Textoberfläche abgleichen

8. Akustik in Text- und Assoziationsbildern innerlich erhören

9. Klang und Rhythmus des Textes durch lautes Lesen erhören

10. Textwirkungen und -stimmungen nachspüren

11. Notizen ordnen und offene Fragen nacharbeiten

Üben und lesen

Einige Stilmittel

Es könnte ja sein, dass Sie Lust bekommen haben, sich intensiver mit Stilmitteln zu befassen. Oder vielleicht möchten Sie Ihr Schulwissen auffrischen?

Was auch immer Sie verleitet hat, dieses Kapitel aufzuschlagen, es ist dazu da, Ihnen einige Stilmittel an die Hand zu geben, die häufiger in einem Gedicht auftauchen können.

Allegorie

Die Allegorie umfasst zumeist mehrere Stilmittel (Metaphern, Symbole), um einen abstrakten Begriff zu personifizieren – der Sensenmann (mit Sense, Knochenhand, Stundenglas als Allegorie auf den Tod; oder Justitia mit verbundenen Augen, Waage und Richtschwert).

Scharf fährt die Sense nieder
in seiner Knochenhand verrinnt
der letzten Stunde Korn.

Alliteration

Gleicher Anlaut mehrerer aufeinanderfolgender Wörter.

Milch macht müde Männer munter.

Anapher

Wiederholung eines oder mehrerer Wörter am Satz- oder Versanfang.

Schön ist sie
schön in Geist
schön in Gestalt.

Antithese

Zwei gegensätzliche Wörter, die sich aber nicht ausschließen müssen.

Rund ist der Kopf, doch eckig der Gedanke.

Asyndeton

Aufzählung gleichartiger Wörter ohne Konjunktion.

Die Pest bringt Leid, Tod, Furcht, Hass!

Chiasmus

Wörter oder Wortgruppen werden spiegelbildlich überkreuzgestellt.

Der Raum ist weit, weit ist die Stille.

Ellipse

Auslassung von Wörtern, die für den vollständigen Satzbau nötig sind, aber nicht unbedingt für das Verständnis.

Wie geht's?

Epipher

Wiederholung eines oder mehrerer Wörter am Satz- oder Versende.

*Ihr Geist ist schön
das Lächeln strahlt so schön
und auch ihr Gang – so schön.*

Geminatio

Verdoppelung eines Wortes Am Anfang, in der Mitte oder am Ende.

Sieh, sieh, die Wolken ziehen fort!

Hyperbel

Bewusste Übertreibung eines Ausdrucks.

Ein Meer aus Tränen riss mich fort
und tausendmal verlor ich dich
in diesem Augenblicke.

Ironie

Die Ironie drückt meint das Gegenteil von dem, was sie wörtlich ausdrückt. Sie ist ein Mittel des Spots.

Die Tassen fielen
klirr
 zu Boden
und
 trocken sprach sie:
Gut gemacht.

Klimax

Steigerung des Ausdrucks vom weniger Wichtigen zum Wichtigsten.

Er hatte Silber, Gold und Diamanten.

Litotes

Die Hervorhebung eines Begriffs durch die Verneinung seines Gegenteils (also eine Art doppelte Verneinung).

Er war kein Unbekannter
unter den toten Geistern der Geschichte.

Metapher

Ein Bild steht für einen Sachverhalt, oder ein Wort steht für ein anderes Wort, wobei ein Ähnlichkeits- oder Abbildverhältnis zwischen ihnen besteht. Die Ersetzung erfolgt unmittelbar ohne „wie".

Im Rosengarten uns'rer Liebe blüht mein Herz dir zu.

Metonymie

Ein Ausdruck wird durch einen anderen ersetzt, der zum eigentlichen Ausdruck in einer realen (zeitlich, räumlich, ursächlich) Beziehung steht.

Schießt Wunden auf unsere Feinde!

Oxymoron

Zwei Begriffe, die sich logisch gegenseitig ausschließen.

Zerfallene Einheit ist unser Reich!
Und selbst die flachen Berge fließen in warmen Winterwinden.

Parallelismus

Gleicher Satzbau unterschiedlicher Verse.

Das Leben macht mich lachen.
Der Tod lässt mich verstummen.

Periphrase

Umschreibung eines Begriffes durch mehrere Wörter, die zu diesem in Verbindung stehen, um Wortwiederholungen zu vermeiden.

Freund Hein war diesem Gott in Weiß gar nicht gewachsen.

Pleonasmus

Überflüssiger Zusatz zu einem Wort, der keine Mehrinformation liefert, weil sein Inhalt bereits im Hauptwort enthalten ist.

Auf weißem Schimmel kam er angeritten.

Symbol

Einem Wort werden über die eigene Bedeutung hinaus weitere Bedeutungen zugeschrieben, die kulturell festgelegt sind.

Die weiße Taube brachte Ruhe in das verwundete Land.

Synästhesie

Vermischung mehrerer Sinneseindrücke.

Das süße Blau deiner warmen Stimme.

Synonym

Ersetzung eines Wortes durch ein anderes, das dieselbe Bedeutung hat.

Seine Quelle, eine wahrlich gute Grundlage,
erwies sich als herausragendes Material.

Zeugma

Ein Satzteil bezieht sich auf mehrere andere Satzteile – zum Beispiel ein Verb auf mehrere Objekte.

Wir gehen aus! Vor allem davon, dass du artig bist.

Natürlich gibt es noch sehr vielmehr Stilmittel. Belesen Sie sich doch in einem der zahlreichen Lexika zur Rhetorik.

Grundsätzlich gilt: Wenn Sie überprüfen wollen, ob Sie ein Stilmittel richtig verstanden haben, dann entwickeln Sie eigene Beispiele dazu.

Die Sinne schärfen – Gedichte zur Übung

Was denn ... Sie haben noch immer nicht genug? Sie wollen noch mehr Gedichte lesen und besser verstehen?

Dann habe ich hier noch ein paar ausgewählte, expressionistische Gedichte zur Übung für Sie.

Lassen Sie sich Zeit. Üben Sie das Sehen, Hören und Fühlen.

Und wenn Sie Lust haben, schreiben Sie mir doch einmal Ihre Erfahrungen, erzählen Sie von Ihren Zugängen zu den Texten oder von Problemen, die noch gelöst werden müssen.

Haben Sie den Mut, sich dem Gedicht zu öffnen – wagen Sie das Abenteuer Lyrik!

Punkt (1914)

Die wüsten Straßen fließen lichterloh
Durch den erloschnen Kopf. Und tun mir weh.
Ich fühle deutlich, daß ich bald vergeh –
Dornrosen meines Fleisches, stecht nicht so.

Die Nacht verschimmelt. Giftlaternenschein
Hat, kriechend sie mit grünem Dreck beschmiert.
Das Herz ist wie ein Sack. Das Blut erfriert.
Die Welt fällt um. Die Augen stürzen ein.

Alfred Lichtenstein

Sommerfrische (1913)

Der Himmel ist wie eine blaue Qualle.
Und rings sind Felder, grüne Wiesenhügel –
Friedliche Welt, du große Mausefalle,
Entkäm ich endlich dir ... O hätt ich Flügel –

Man würfelt. Säuft. Man schwatzt von Zukunftsstaaten.
Ein jeder übt behaglich seine Schnauze.
Die Erde ist ein fetter Sonntagsbraten,
Hübsch eingetunkt in süße Sonnensauce.

Wär doch ein Wind ... zerriß mit Eisenklauen
Die sanfte Welt. Das würde mich ergetzen.
Wär doch ein Sturm ... der müßt den schönen blauen
Ewigen Himmel tausendfach zerfetzen.

Alfred Lichtenstein

Untreu (1914)

Dein Lächeln weint in meiner Brust
Die glutverbissnen Lippen eisen
Im Atem wittert Laubwelk!
Dein Blick versargt
Und
Hastet polternd Worte drauf.
Vergessen
Bröckeln nach die Hände!
Frei
Buhlt dein Kleidsaum
Schlenkrig
Drüber rüber!

August Stramm

Signal (1915)

Die Trommel stapft
Das Horn wächst auf
Und
Sterben stemmt
Das Haupt durch flattre Sterben
Sträubt
Gehen Gehen
Sträuben
Geht
Und geht und geht
Und geht und geht
Und geht und geht und geht und geht
Geht
Stapft
Geht.

August Stramm

Die Filmaufnahme einer theatralen Umsetzung des letzten Gedichts finden Sie auf der Homepage der Theatrale im Bereich Projekte – Tropfblut:

http://die-theatrale.de/2012/10/23/tropfblut

Wir arbeiten dort zurzeit an weiteren künstlerischen Umsetzungen von August Stramms Gesamtwerk. Schauen Sie doch bei Gelegenheit einmal vorbei.

Verwandte oder empfohlene Literatur

Allkemper, Alo u. Eke, Norbert Otto (2014): *Literaturwissenschaft*. 4., aktualisierte Auflage. Paderborn: Wilhelm Fink Verlag (= UTB basics).

Anz, Thomas (2002): *Literatur des Expressionismus*. Stuttgart u. Weimar: Metzler (= Sammlung Metzler, Bd. 329).

Becker, Sabina (2007): *Literatur- und Kulturwissenschaften: Ihre Methoden und Theorien*. Reinbek bei Hamburg: Rowohlt-Taschenbuch-Verlag (= rowohlts enzyklopädie 55686).

Bogner, Ralf Georg (2005): *Einführung in die Literatur des Expressionismus*. Darmstadt: Wissenschaftliche Buchgesellschaft (= Einführungen Germanistik).

Burdorf, Dieter (1997): *Einführung in die Gedichtanalyse*. 2. Auflage. Stuttgart u.a.: Metzler (= Sammlung Metzler, Bd. 284).

Decker, Gunnar (2011): *Georg Heym. „Ich, ein zerrissenes Meer". Ein biographischer Essay*. Berlin: vbb.

Felsner, Kristin; Helbig, Holger u. Manz, Therese (2012): *Arbeitsbuch Lyrik*. 2., aktualisierte Auflage. Berlin: Akademie Verlag (= Akademie Studienbücher – Literaturwissenschaft).

Hartmann, Erich (2006): *In Bildern denken – Texte besser verstehen. Lesekompetenz strategisch stärken. Mit 10 Abbildungen und 4 Tabellen*. München: Ernst Reinhardt Verlag.

Heym, Georg: Die Städte. In: Vietta, Silvio (Hrsg.) (1999): Lyrik des Expressionismus. 4., verbesserte Auflage. Tübingen: Niemeyer (= Deutsche Texte, Bd. 37), S. 37.

Kayser, Wolfgang (1973): *Das sprachliche Kunstwerk. Eine Einführung in die Literaturwissenschaft*. 16. Auflage. Bern u. München: Francke Verlag.

Kindt, Tom u. Köppe, Tilmann (Hg.) (2008): *Moderne Interpretationstheorien. Ein Reader*. Göttingen: Vandenhoeck & Ruprecht (= UTB 3101).

Lamping, Dieter (Hg.) (2009): *Handbuch der literarischen Gattungen*. Stuttgart: Alfred Kröner Verlag.

Lamping, Dieter (Hg.) (2011): *Handbuch Lyrik. Theorie, Analyse, Geschichte*. Stuttgart u. Weimar: Metzler.

Lichtenstein, Alfred: Punkt. In: Vietta, Silvio (Hrsg.) (1999): Lyrik des Expressionismus. 4., verbesserte Auflage. Tübingen: Niemeyer (= Deutsche Texte, Bd. 37), S. 35.

Lichtenstein, Alfred: Sommerfrische. In: Vietta, Silvio (Hrsg.) (1999): *Lyrik des Expressionismus.* 4., verbesserte Auflage. Tübingen: Niemeyer (= Deutsche Texte, Bd. 37), S. 123.

Metzger, Rainer (2006): *Berlin. Die Zwanzigerjahre. Kunst und Kultur 1918-1933. Architektur, Malerei, Design, Mode, Literatur, Musik, Tanz, Theater, Fotografie, Funk, Film, Reklame.* Wien: Christian Brandstätter Verlag.

Meyer-Kalkus, Reinhart (2001): *Stimme und Sprechkünste im 20. Jahrhundert.* Berlin: Akademie Verlag.

Nünning, Vera u. Nünning, Ansgar (Hg.) (2010): *Methoden der literatur- und kulturwissenschaftlichen Textanalyse. Ansätze – Grundlagen – Modellanalysen.* Stuttgart u. Weimar: Metzler.

Schneider, Jost (2008): *Einführung in die moderne Literaturwissenschaft.* 5. Auflage. Bielefeld: Aisthesis Verlag.

Schulze, Hagen (2004): *Weimar. Deutschland 1917 – 1933.* Genehmigte Sonderausgabe. München: Bassermann Verlag (= Siedler Deutsche Geschichte, Bd. 2).

Stramm, August: Signal. In: Ders. (1990): *Alles ist Gedicht. Briefe, Gedichte, Bilder, Dokumente. Herausgegeben von Jeremy Adler.* Zürich: Arche Verlag (= Arche-Editionen des Expressionismus), S. 88.

Stramm, August: Untreu. In: Ders. (1990): *Alles ist Gedicht. Briefe, Gedichte, Bilder, Dokumente. Herausgegeben von Jeremy Adler.* Zürich: Arche Verlag (= Arche-Editionen des Expressionismus), S. 35.

Stramm, August (1990): *Alles ist Gedicht. Briefe, Gedichte, Bilder, Dokumente. Herausgegeben von Jeremy Adler.* Zürich: Arche Verlag (= Arche-Editionen des Expressionismus).

Stürmer, Michael (2004): *Das ruhelose Reich. Deutschland 1866 – 1918.* Genehmigte Sonderausgabe. München: Bassermann Verlag (= Siedler Deutsche Geschichte, Bd. 1).

Vietta, Silvio u. Kemper, Hans Georg (1997): *Expressionismus.* 6., unveränderte Auflage. München: Fink (= UTB 362).

Wahrig-Burfeind, Renate (Hg.) (2000): *Deutsches Wörterbuch.* 7., neu bearb. Auflage. Gütersloh u. München: Bertelsmann Lexikon Verlag.

Bibliographische Information der Deutschen Nationalbibliothek

Die Deutsche Nationalbibliothek verzeichnet diese Publikation in der Deutschen Nationalbibliographie; detaillierte bibliographische Daten sind im Internet über dnb.d-nb.de abrufbar.

Covergestaltung: Ronny Kutter

Herstellung und Verlag: BoD – Books on Demand, Norderstedt

Printed in Germany

ISBN: 978-3-74487-276-8

Von Michael Bahn ebenfalls bei BoD erhältlich:

Die Theatrale Lyrikuntersuchung

Eine Projektmethode zur Transformation lyrischer Strukturen in theatrales Spiel

(2014)

In diesem Buch werden die theoretischen Grundlagen der Theatralen Lyrikuntersuchung (TLU) vorgestellt, einem Verfahren, das dazu auffordert, sich dem Gedicht aus einer theatralen Perspektive zu nähern. Zur Aufgabe gestellt ist die Umwandlung des Textes in theatrales Spiel, wobei nicht allein inhaltliche, sondern vordergründig auch strukturelle Aspekte transformiert werden sollen. Dadurch vereint die TLU sowohl das analytisch-textnahe als auch das assoziativ-rezeptionsästhetische Lesen in sich und fordert zur Reflexion der eigenen Wahrnehmung auf. An ausgewählten Beispielen zur Lyrik August Stramms werden die Besonderheiten und Schwierigkeiten aufgezeigt, die bei der Anwendung auftreten können.

ISBN 978-3-7386-0042-1